Annemarie Stoltenberg · Rainer Meier

Wie zersäge ich mein Kind?

[illegible] 1993

Annemarie Stoltenberg
und
Rainer Meier

Wie zersäge ich mein Kind?

Erfahrungen und Gespräche
mit Scheidungskindern

Kabel

Umschlag: Theodor Bayer-Eynck
Titelillustration: Marion Brandes
Gesamtherstellung: Clausen & Bosse, Leck
ISBN 3-8225-0229-4

1 3 5 7 9 10 8 6 4 2

Inhalt

Hochzeit im Kindergarten

Jan: *Zuerst gehen wir zu* Liebe auf den ersten Blick, *dann zu* Herzblatt, *dann heiraten wir bei* Traumhochzeit *und dann gehen wir zum* Flitterabend.
Nicole: *Okay, und dann spielen wir* Ehen vor Gericht.

Gleich vorweg...

Wie wäre es, wenn wir versuchen, die Sache einmal nüchterner zu betrachten? Auch eine Scheidung ist eine Familienangelegenheit. Da gibt es Heulen und Zähneklappern, Zank und Streit, aber das wird auch wieder vorübergehen. Alle in der Familie sind beteiligt, und alle sollten bei der Lösung des Problems helfen. Eine Scheidung kann eine ebenso normale Sache sein wie eine Eheschließung. Aber meistens schämen sich Eltern, wenn ihre Ehe zerbricht. Sie empfinden ihre Lage als Katastrophe und können daher kaum gelassen und vorausschauend reagieren. Oft belasten Erwachsene dabei sich, den Partner und ihre Kinder mit Schuld- und Haßgefühlen.

Die Medien spiegeln diese Reaktionen wider, täglich sind erschreckende Meldungen zu finden, daß immer mehr Kinder »ohne Vater« aufwachsen, daß es immer mehr »Scheidungswaisen« gibt. Schulklassen seien schwer zu unterrichten, weil zu viele Kinder von Alleinerziehenden oder »andere, die es schwer haben« darin seien, behaupten Lehrer. In solchen

Jede dritte Ehe geht heute kaputt. Jede zweite sei gefährdet, sagen Eheberater und Demoskopen. 1988 wurden 128 729 Scheidungen ausgesprochen, 92 785 Kinder zu Scheidungswaisen gemacht.

(Quelle: Stern 7. 12. 1989)

Äußerungen wird Mitleid mit Überheblichkeit, Verständnis mit Diskriminierung verwechselt.

Es ist absurd, die Kinder als »Scheidungswaisen« zu bezeichnen. Sie sind auch keine »Randgruppe«. Siebzehn Prozent aller Kinder wachsen bei einem Elternteil auf, und es ist höchste Zeit, unsere Vorstellungen von der Idealfamilie behutsam einer veränderten Realität anzupassen. Das Modell Vater-Mutter-Kind ist nicht die einzige Möglichkeit, glücklich zu werden.

Die Scheidung seiner Eltern sei für das Kind eine »Verletzung fürs Leben«, hieß eine Titelgeschichte des SPIEGEL. Das Gegenteil würde bedeuten, daß wir innerhalb der schützenden Familien das Leben unversehrt und glücklich überstehen. Wir wissen doch aber genau, daß das nicht stimmt, daß wir uns schwere seelische Wunden gerade im engsten Familienkreis zufügen. Hinter den lauten Klagen über die hohen Scheidungsraten steckt eine miefige, doppelte Moral. Nostalgische Sehnsucht nach einem heilen Familienleben verhindert eher, daß wir wirklich über das nachdenken, was wichtig ist.

Unter einer Scheidung leiden Kinder immer am meisten. Das soll hier nicht verniedlicht werden. Aber wissen Eltern wirklich, worunter Kinder leiden, warum und wie sehr? Nach unseren Gesprächen mit Kindern haben wir den Eindruck, daß die meisten Eltern erstaunlich wenig über ihre eigenen Kinder wissen. Sie denken oft nur, sie wüßten genau, was in ihnen

Christine Aventin: Komm, wir bringen Mamas Liebhaber um

[...] Die Autorin wird mit der französischen Autorin Françoise Sagan verglichen. Sie hat nur mehr Dynamit in der Schreibmaschine. Das hübsche Schulmädchen Margot will Mamas Geliebten aus dem Weg räumen. Gilbert ist ein Ekel. Seine Chancen sind außerordentlich schlecht... Der Spaß kann beginnen.

(Quelle: Knaur Verlagsprospekt Herbst/Winter 1992)

vorgeht, und suchen nach Bestätigung der eigenen Gefühle und Sorgen. Aber sie haben keine Ahnung von ihren Kindern. Sie wollen nur hören, was sie längst zu wissen meinen.

Dabei ist es aufregend, spannend und oft überraschend, den Kindern zuzuhören. Man kriegt Herzklopfen, wenn ein zwölfjähriges Mädchen kühl über seine Eltern bemerkt: »*Die hätten verheiratet bleiben können. Die streiten sich über mich prima weiter. Mein Vater meckert über Eigenschaften, die ich von meiner Mutter geerbt habe, und umgekehrt.*« Wenn die Eltern hören würden, wie das Kind ihr Verhalten beschreibt, würden sie es vielleicht sogar ändern. Statt dessen nehmen sie sich selbst ungeheuer wichtig und geben dabei ziemlich jämmerliche Figuren ab.

Es gibt wohl keine zweite Verbindung, die einen so maßlosen Haß, soviel Abneigung, stündliche Zusammenstöße und Kränkungen ertragen könnte wie eine Ehe. Aber es gibt auch keine, die so leicht auseinanderbricht, und selbst der verzweifeltste Versuch beider Teile kann sie nicht wieder zusammenbringen. Das ist allerdings Kummer der Erwachsenen, nicht der Kinder. Sie sind damit oft so sehr beschäftigt, daß sie nicht mehr auf ihre Kinder achten.

Wir lassen Kinder zu Wort kommen und geben ein paar Tips und Hinweise für Eltern. Manchmal mögen unsere Ratschläge zu einfach wirken, aber Glück und Unglück hängen nicht selten an kleinen Selbstverständlichkeiten. Es ist nicht leicht, miteinander zu sprechen, wenn der Kopf voller Rachlust, Wut und Eifersucht ist.

In diesem Buch finden sich viele kleinere und größere Meldungen, die wir in Tageszeitungen, Wochenmagazinen und Büchern gefunden haben. Alles ist irgendwo und irgendwann einmal gesagt worden. Manche dieser Notizen sind schon über zehn Jahre alt, andere ganz neu. Manche widersprechen sich, andere sind komisch oder erschreckend. Dieser »Zettelkasten« ist eine Art heimlicher Kommentar, der unsere Aussagen bestätigt oder das Gegenteil sagt. Er ist ein Buch im Buch.

»Scheidungswaisen« bereiten Lehrern Kopfzerbrechen

Angesichts der weiter steigenden Zahl von gescheiterten Ehen in der Bundesrepublik werden »Scheidungswaisen« für die Schulen immer mehr zu einem Problem. Erziehungsberatungen und Jugendbetreuer seien immer weniger in der Lage, die »Erziehungsdefizite« bei diesen Kindern und Jugendlichen auszugleichen. Dies sagte der Vorsitzende des Deutschen Lehrerverbandes Josef Kraus [...] Kraus wies darauf hin, daß rund 1,3 Millionen Kinder von Ehescheidungen betroffen waren oder es noch sind, darunter 850000 unter 14 Jahren. Pro Klasse müsse derzeit mit drei bis fünf »Scheidungswaisen« gerechnet werden. 39 Prozent der Kinder geschiedener Eltern haben bereits einmal eine Klasse wiederholt.

Für diese Kinder muß die Schule nach Kraus' Ansicht vermehrt Pädagogen und Gleichaltrige als »Bezugspartner« anbieten. Wegen des ständigen Umgangs mit ihnen könnten Lehrer auf »Problemkinder« am besten erzieherisch einwirken. Neben einer weiteren Verringerung der Klassenstärken müßten die Schulberatung und schulpsychologischen Dienste zügig ausgebaut werden. Der Klassenleiter müsse eine Verfügungsstunde erhalten, um sich verstärkt »Problemkindern« zuwenden zu können.

(Quelle: Frankfurter Rundschau 2. 9. 1987)

Jüngste Prognosen deuten darauf hin, daß jedes zweite Kind, das heute geboren wird, das Volljährigkeitsalter nicht mehr in seiner vollständigen Familie erreichen wird.

(Quelle: Remscheider General-Anzeiger 31. 12. 1988)

Die Ausnahme ist die Regel

Was heißt hier »Scheidungskinder«?

Gibt es Schwierigkeiten, unter denen alle Kinder leiden, deren Eltern nicht mehr zusammenleben? Oder ähneln sich die Probleme aller Kinder in den westlichen Industrieländern, egal, ob sich ihre Eltern nun scheiden lassen haben oder nicht? Eine Antwort darauf ist nur schwer zu ermitteln, denn niemand kann Fragen beantworten wie: Was wäre geschehen, wenn dieses oder jenes nicht geschehen wäre? Viele Probleme, die Scheidungskindern zugeschoben werden, sind Probleme, die die meisten Kinder heutzutage haben, egal aus was für einer Familie sie stammen. Scheidungskinder sind nur die zur Zeit am häufigsten erforschte Gruppe unter den Kindern.

Eltern deuten allzuschnell kindliche Aussagen mit Hilfe von Erinnerungen an die eigene Kindheit. Kindheit ist heute aber etwas vollkommen anderes als vor zwanzig Jahren, viele Begriffe haben heute eine andere Bedeutung und lösen andere Assoziationen aus. Wenn Erwachsene Scheidungskinder gezielt befragen, wie es ihnen geht, dann sind sie vollkommen verdattert, wie schlecht es manchen von diesen Kindern geht, wie finster sie ihre Zukunft einschätzen und wie traurig sie sind; manche wirken sogar selbstmordgefährdet. Aber es wäre zu leicht, daraus den Schluß zu ziehen, die Gründe dafür lägen allein in der Trennung ihrer Eltern.

1989 hat die Zeitschrift ELTERN Kinder nach ihrem größten und wichtigsten Weihnachtswunsch gefragt. Die Kinder antworteten nach Rangfolge der Häufigkeit:

1. besserer Umweltschutz
2. Friede und Abrüstung
3. Gesundheit für die ganze Familie
4. politischer Fortschritt im Osten (vor der Maueröffnung)
5. Kampf gegen den Hunger
6. gute Schulleistung
7. Harmonie zwischen Mutter und Vater

Unsere Kinder haben Ohren. Das vergessen wir offensichtlich manchmal. Sie leben in dem ständigen Bewußtsein einer globalen Katastrophe, auf die wir uns mit tödlicher Sicherheit zubewegen. Die drohende Selbstzerstörung der Menschheit, Weltuntergangsvisionen gehören zu ihrem Alltag. Und da wundern wir uns, wenn sie traurig sind.

Kinder sind nun sicherlich in jede Richtung schnell zu beeinflussen und antworten häufig das, wovon sie meinen, daß es erwünscht sei. Bei so einer Frageaktion kommt es auch stark darauf an, wie die Kindergruppe zusammengesetzt ist. Das muß bei den genannten Wünschen natürlich mit bedacht werden. Aber diese Wünsche zeigen immerhin, was ihnen wichtig ist.

Eltern geschieden – eigene Ehe in Gefahr

Wenn sich die Eltern scheiden lassen und ein Mädchen dabei jünger als 14 Jahre alt ist, dann geht ihre eigene Ehe später mit 69prozentiger Sicherheit ebenfalls in die Brüche. Diese Zahlen kamen jetzt bei einer landesweiten US-Studie heraus.

(Quelle: Bild der Frau 11. 7. 1988)

Manche Bücher über Scheidungskinder hinterlassen den Eindruck, als seien diese armen Würmer zu ewigem Bettnässen, schlechten Schulleistungen und unablässigem Kummer verurteilt. Der Forschungsgegenstand pflegt sich bekanntlich durch die Betrachtung zu verändern, also verändern sich auch Kinder bei den Interviews über ihre Situation als Scheidungskinder. Die Frage ist also, welche Übertragungsmuster dort greifen und welche Ängste dabei projiziert werden.

Alle Eltern kennen aber eine ähnliche Geschichte wie diese: Ein kleines Mädchen, zu Besuch bei seinen Großeltern, soll einen Brief an die Mutter schreiben. Es setzt sich hin und schreibt: »Liebe Mama! Ich bin sehr traurig, ich weine hier den ganzen Tag.« Nach dieser anstrengenden Schreibübung steht das Mädchen auf und geht spielen. Hüpft durch den Garten und kichert. Den Brief hat es längst vergessen.

Diese kleine Geschichte ist ein Gleichnis für die beiden Seiten des Lebens. Auch Kinder lernen beide kennen und sollten nicht von besorgten Eltern oder Großeltern in Watte gepackt und vor jeder Erfahrung beschützt werden.

Untersuchen etwa Psychologen intensiv die seelischen Auswirkungen einer Scheidung auf die Kinder, dann wird fast nur die dunkle Seite betrachtet und die helle, heitere darüber vergessen.

In einer Studie über Scheidungskinder gab es den Fall eines Kindes, das schilderte, wie offen und ehrlich seine Eltern mit den Kindern über ihre Scheidung gesprochen haben und es ihnen damit leichter machten. Nach dem Auszug des Vaters konnten sich die Eltern noch über Fragen verständigen wie: Besuchsregelung, Unterhalt und Sorgerecht. Sie taten also das, was zu Recht immer von Eltern gefordert wird. Aber auch aus diesem Fall mußte ein trauriger werden. Also wurde den Eltern in der Studie beschieden, sie seien »aggressionsgehemmt«. Das ist für uns der typische Fall, in dem sich jemand in eine These verrennt und überall nur noch Beweise findet.

> »Nicht über den Verlust des Vaters oder der Mutter« müsse eigentlich bei Sorgerechtsverhandlungen gesprochen werden, sondern einzig über das, was die Scheidungskinder am meisten belastet: der »Verlust der El-

tern«. Prof. Lee Salk, Kinderpsychologe und Psychiater am Cornell University Medical College und Präsident der Sektion Kinderpsychologie bei der Amerikanischen Psychologischen Gesellschaft

(Quelle: Der Spiegel 10. 3. 1980)

Es gibt vermutlich tatsächlich etwas, was »Scheidungskinder« gemeinsam haben, aber das ist nicht unbedingt ihre Traurigkeit. Es ist etwas, das nur sehr schwer zu begreifen und zu beschreiben ist. Vielleicht gehen sie ängstlicher oder behutsamer mit Loyalitäten um, vielleicht haben sie besondere Schwierigkeiten, erwachsen zu werden. Kinder, die mit ihren beiden Elternteilen zusammen aufwachsen, können allerdings genau dieselben Probleme haben, die sie ein Leben lang belasten. Das sollte immer nebeneinander gesagt werden.

Familien können wie Gefängnisse sein oder wie ein Dschungel, in dem jedes Familienmitglied meint, sich nicht an die Regeln der Zivilisation halten zu müssen, die außerhalb der Familie Gültigkeit haben. So als ob innerhalb einer Familie jeder jeden bekriegen könnte. Da werden gnadenlos sogenannte Wahrheiten ausgesprochen, die zu nichts anderem geeignet sind, als jemanden zu demütigen. Da bringen Menschen sich gegenseitig in Beziehungsfallen, die zum seelischen Selbstmord führen können, wenn sie bestehenbleiben. All das sollte auch erwähnt werden, wenn über das angeblich schwere Los der Scheidungskinder gesprochen wird. Sie haben zum allergrößten Teil die Sorgen und Nöte, die fast alle Kinder heute haben. Es sind paradoxerweise einerseits die Probleme überbehüteter, aber gleichzeitig die vernachlässigter Kinder.

In Deutschland bejahen nur noch 28 Prozent der unter 30jährigen bedingungslos das vierte Gebot: »Du sollst Vater und Mutter ehren!« [...] In den USA bejahen noch 71 Prozent der Jungen das vierte Gebot, in Gesamteuropa 51 Prozent. [...] Umgekehrt sagen 50 Prozent der jungen

Deutschen: Man muß seine Eltern nicht achten, wenn diese es nicht durch ihr Verhalten und ihre Einstellung verdienen.

(Quelle: Hörzu 43/1992)

Heranwachsenden wird heutzutage eine sehr lange Zeit für Kindheit und Jugend gewährt, aber sie haben keinen Ort in unserer Gesellschaft, an dem sie ihre Kindheit ausleben können und bleiben oft allein mit ihren Sorgen und Zukunftsängsten. Sie sind nirgendwo wirklich unter sich, also unter Kindern, und können sich nirgendwo ausprobieren. Es gibt nicht mehr wie früher wilde Kindergruppen in den Straßen, die Kinder treffen sich nicht mehr zufällig jeden Nachmittag auf dem Fußballplatz, auf der Straße oder einer Wiese, sondern sie stehen praktisch immer unter Aufsicht. Sie verabreden sich telefonisch, machen Termine wie Erwachsene und sind gezwungen, einen großen Teil der Probleme ihrer Eltern mitzutragen. Wir haben keine Erwachsenenwelt und Kinderwelt mehr, die zumindest zeitweise getrennt voneinander existieren. Es gibt kaum noch Hobbys, Feiern oder Konzerte, bei denen die Jugendlichen unter sich bleiben. Überall sind »die Alten« mit dabei. Um ihre eigene Jugend zu verlängern, suchen Erwachsene häufig Anschluß an die Aktivitäten der jüngeren Generation. Nicht selten sind Eltern stolz darauf, alles mit den Kindern zusammen zu machen.

Der typische Fall einer Überidentifikation: Eine Mutter bringt ihr Kind morgens zur Schule. Sie begegnen einer Bekannten, und die Mutter erzählt: »Wir beide gehen jetzt in die Schule, wir machen das gern und werden viel Spaß haben.« Das Kind wirft ein: »Nein, Mama. Nicht wir, **ich** muß zur Schule.«

Es wird sogar schon fast erwachsenen Jugendlichen unglaublich schwer gemacht, sich von ihren Eltern zu lösen und eine eigene Identität zu entwickeln. Bei kleinen Kindern sehen wir es als den Idealfall an, in der Sandkiste neben ihnen mit Förmchen Kuchen zu backen – Beschäftigungen, die Mütter, als sie selbst Kinder waren, allein erledigt haben. Die größeren Kinder mußten die Kleinen mitschleppen. Erst nach dem harten »Kampf draußen in der Welt« sind sie wieder nach Hause gekommen, um Pflaster und Trost zu holen. Heute scheint es das Ziel der Eltern zu sein, noch beim Rockkonzert mit den Teenagern im Takt zu stampfen. Schlechtes Gewissen stellt sich ein, wenn sie dazu zuwenig Zeit haben.

Zweitehe und Kinder

Kinder, die aus der ersten Ehe in eine neue Partnerbeziehung mitgebracht werden, stellen ein erhebliches Scheidungsrisiko dar. In einer Langzeituntersuchung an mehr als 1000 Ehepaaren ermittelten die amerikanischen Forscher Lynn Whit und Alan Broch, daß sich in diesen Fällen im Vergleich zur Erstehe die Wahrscheinlichkeit, geschieden zu werden, um bis zu 100 Prozent erhöht.

(Quelle: Remscheider General-Anzeiger 22. 7. 1987)

Es gibt kaum noch gültige Muster für das Verhalten von Eltern gegenüber Kindern und umgekehrt für das Verhalten von Kindern ihren Eltern gegenüber. Dabei würde doch schon das einfache christliche Gebot »Du sollst Vater und Mutter ehren!«, das man Kindern früher noch als Selbstverständlichkeit beigebracht hat, ausreichen, um den Umgang zu erleichtern.

Einerseits bietet man Kindern keinen eigenen Raum mehr, in dem sie sich erproben und schlicht Quatsch machen können, ohne daß Sozialarbeiter oder Pädagogen zugegen sind. Sobald aber die Erwachsenen andererseits Schwierigkeiten mit sich selbst haben, vernachlässigen sie in grober Weise ihre Kinder. Sie werden natürlich weiterhin gut gekleidet und gefüttert, aber oft sind sie seelisch verwahrlost und einsam.

Die Familie sollte das letzte Bollwerk gegen Jugendverwahrlosung, Jugendkriminalität und Sittenverfall sein. Wenn die Familie zerbricht, meinen manche Eltern, dann sei nichts mehr zu retten. Wer nichts mehr zu verlieren hat, zettelt leicht besinnungslose Rachezüge an. Racheakte können auch jahrelanges Schweigen oder permanent abfällige kleine Bemerkungen sein, die auf Dauer wie Salzsäure ätzen. Die tiefe Trauer über das Zerbrechen der Familie wird zur längst fälligen Bestätigung der Angst, daß es eben nicht gutgehen konnte.

> »In jungen Jahren lebt und liebt man nach dem Lustprinzip«, schreibt die amerikanische Essayistin Erica Abeel über die Midlife-Liebe, »später jedoch mehr nach dem Prinzip der Vermeidung von Unbequemlichkeit. Ein Fakt, der Freud entgangen zu sein scheint.«
>
> (Quelle: Stern 21. 7. 1988)

Unsere Lebensbedingungen haben sich dramatisch verändert. Traditionen sind brüchig geworden, Selbstverständlichkeiten, wie eine klare Rollenverteilung in der Familie, haben ihre Verbindlichkeit verloren. Gegen alle Gefahren der Welt aber soll die Familie Schutz und Geborgenheit bieten. Wenn sich die Ehepartner trennen, sind vorerst alle Hoffnungen zerstört. Manche Eltern schlagen in der ersten Phase ihrer Trauer so blindwütig um sich, daß sie tatsächlich die Schäden anrichten, von denen sie meinten, daß sie unabwendbar bereits eingetreten seien.

In den letzten Jahren ist das Bewußtsein dafür, wie es Kindern bei einer Scheidung ergeht, gewachsen. Alarmierend ist aber auch die Zunahme sehr heftiger Reaktionen auf eine Scheidung. Es gibt heute »mehr Gewalttaten, mehr Eltern, die von ihren Kindern abhängig sind, und mehr verstörte oder gar selbstmordgefährdete Kinder«, heißt es zumindest in der amerikanischen Studie von Judith Wallerstein. Wer sich in seinem Bekanntenkreis umhört, wird genügend Beispiele für diese Entwicklung auch bei uns finden.

Das Gesellschaftssystem, in dem wir leben, hält nur geringe Mittel für einen vernünftigen Umgang mit diesen Problemen bereit. Statt dessen saugen die Medien das Blut aus den brutalen Kämpfen um die Kinder und berichten genüßlich darüber. Es entsteht der Eindruck, daß, wenn Eltern sich scheiden lassen, sowieso alles zu spät ist.

Glücklicherweise beruhigen sich aber die meisten Eltern bald, bekommen wieder einen Blick für das Maß ihres Kummers und mäßigen ihre Reaktion.

Irrationale Ängste und Sorgen sind nie gut. Darum sollte man sich lieber informieren, wie Kinder in welchem Alter auf die Scheidung ihrer Eltern reagieren. Wenn sie wissen, was sie zu erwarten haben, können sie besser für die Kinder sorgen und ihnen helfen.

Die meisten Ehen zerbrechen im verflixten sechsten Jahr

Es klingt paradox, doch wer das verflixte siebte Ehejahr erreicht hat, ist aus dem Gröbsten raus. Der Bund fürs Leben zerbricht am häufigsten zwischen dem vierten und sechsten Ehejahr. Zu diesem Ergebnis kommt Peter Hartmann, der am Institut für Soziologie an der Uni Hamburg eine Doktorarbeit über das Scheidungsrisiko und seine Ursachen vorlegte. Hartmann wertete in seiner Arbeit die Scheidungsstatistiken aller 328 Kreise und kreisfreien Städte in der Bundesrepublik aus.

Erste Erkenntnis: Ehen halten auf dem Lande länger als in der Stadt. In den Stadtstaaten Hamburg, Bremen und Berlin liegt das Scheidungsrisiko weit über dem Bundesdurchschnitt – in Niederbayern und den ländlichen Teilen von Niedersachsen und Schleswig-Holstein ist es am niedrigsten.

In einigen Groß- und Mittelstädten sind Scheidungen extrem häufig. »Spitzenreiter« sind hier mit je 45 Scheidungen pro 10000 Einwohner Flensburg und Zweibrükken. [...]

Die Unterschiede zwischen evangelischen und katholischen Regionen haben sich als »unerwartet schwach« erwiesen. Dagegen stieg die Scheidungsrate in Gebieten, die von Dauerarbeitslosigkeit und Sozialhilfebedürftigkeit stark betroffen sind, stellte Hartmann fest.

(Quelle: Hamburger Morgenpost 10. 2. 1990)

Vorschulalter

Kinder im Vorschulalter reagieren zunächst heftig auf die Scheidung ihrer Eltern, aber sie werden nach einer Phase der Verstörung auch leichter damit fertig. Die vierjährige Laura sagte in ihrer ersten Verblüffung zu ihren Eltern: »Da habt ihr aber keine gute Idee gehabt.« Später hat sie dann geweint und gesagt: »Jetzt habe ich keinen Papa mehr.« Als die Mutter versuchte, ihr zu erklären, daß sie ihren Papa doch besuchen könnte, wehrte sie sich. Zuerst wollte sie sich einer Sache sicher sein: »Dich habe ich ein bißchen lieber als Papa«, sagte sie.

Kinder in diesem Alter sind völlig von ihren Eltern abhängig und haben daher große Angst, im Stich gelassen zu werden. Für sich selbst stehen sie im Mittelpunkt der Welt, und alles, was um sie herum geschieht, hat mit ihrer Person direkt zu tun. Alte Merksprüche wie: »Wenn du deinen Teller nicht leer ißt, wird das Wetter schlecht«, treffen einen wahren Kern. Kinder glauben so etwas tatsächlich. Wenn ihre Eltern sich scheiden lassen, dann vermuten sie, daß sie nicht artig genug waren und Papa sich dauernd über sie geärgert hat. Viele Kinder sträuben sich mit Händen und Füßen, einzuschlafen, und kämpfen, solange es irgend möglich ist, gegen den Schlaf. Franz Renggli meint in seinem Buch »Angst und Geborgenheit«, daß kleine Kinder Angst vor dem Einschlafen haben, weil sie fürchten, daß ihre Eltern weg sein könnten, wenn sie wieder aufwachen. Sie haben noch keine Vorstellungen von Zeit und Entfernung, Ursache und Wirkung. Wenn sie etwa ihren Vater in seiner neuen Wohnung besuchen, haben sie unter Umständen Angst, den Weg zum Haus der Mutter nicht wiederzufinden. Viele Kinder in diesem Alter lassen während der Zeit, in der ihre Eltern sich trennen, den Elternteil, bei dem sie leben, nicht aus den Augen. Sie wollen nicht mehr alleine einschlafen, wachen nachts immer wieder auf und schreien im Dunkeln. Manche fallen in ihrer Entwicklung zurück und möchten sich wieder wie Babys umsorgen lassen. Manche klammern sich an einen bestimmten, trostspendenden Gegenstand, als ob ihr Leben davon abhinge. Wie der kleine Peanuts-Junge Linus, dessen Geborgenheit an seiner Schmusedecke hängt.

Einige Kinder reagieren aggressiv und verprügeln ihre Spielgefährten, andere ziehen sich zurück und sind vor lauter Kummer vorerst für keinen Trost mehr erreichbar. Für die Eltern ist die Traurigkeit ihrer Kinder nur schwer zu ertragen. Lieber würde man selbst diesen ganzen Packen schleppen, als ihn dem Kind zuzumuten. Aber diese Zeit hat irgendwann ein Ende. In Langzeitstudien hat sich herausgestellt, daß kleine Kinder leichter mit der Scheidung ihrer Eltern fertig werden als größere. Sie verdrängen nicht ihre Wut, und sie stehen noch nicht in den bewußter erlebten Loyalitätskonflikten, unter denen ältere Kinder leiden. Sie bearbeiten und betrauern einfach den Teil der Angelegenheit, der sie selbst betrifft. Das ist ein ziemlich dicker Brocken Angst und Kummer, den sie da bewältigen müssen. Während dieser Zeit brauchen sie besonders viel Geduld und Zuneigung.

Bei Amerikas Gerichten beginnt sich allmählich eine Rechtsprechung durchzusetzen, die den meisten westdeutschen Familienrichtern noch undenkbar erscheint: Immer häufiger erhalten Väter im Scheidungsprozeß das Sorgerecht für den Nachwuchs aus der gescheiterten Ehe. So stieg allein zwischen 1970 und 1978 die Zahl der Kinder unter 18 Jahren, die bei ihren alleinstehenden oder wiederverheirateten Vätern leben, um 136 Prozent; rund eine halbe Million männlicher US-Bürger erziehen ihre Söhne und Töchter ohne Hilfe einer Frau oder Freundin.

(Quelle: Der Spiegel 4. 2. 1980)

Grundschuljahre

Kinder im Grundschulalter fühlen sich viel stärker selbst schuldig, als daß sie wütend auf ihre bisweilen doch ziemlich bescheuerten Eltern werden. Auch sie stellen Zusammenhänge zwischen ihrem eigenen Verhalten und der Scheidung ihrer Eltern her, zwischen einem unaufgeräumten Zimmer und der Familientragödie. Außerdem sind sie hin- und hergerissen zwischen Wut und Liebe. Ihre Wut macht ihnen Angst, denn sie lieben ihre Eltern und sehen, wie sehr sie leiden. Das Mitgefühl macht es ihnen schwer, sich den Zorn auf ihre Eltern einzugestehen. Ein Psychologe, der mit Kindern in diesem Alter arbeitet, deren Eltern sich getrennt haben, erzählte mir, daß der Zwiespalt zwischen Liebe und Wut immer die erste Phase der Zusammenarbeit bestimmt. Er bringt den Kindern bei, daß zweierlei gleichzeitig durchaus möglich ist: Daß man seine Eltern liebt und daß man das, was sie gerade tun, gräßlich findet. Das ist mit sieben oder acht Jahren gar nicht so leicht zu begreifen. In dieser Zeit ist die Welt noch ziemlich exakt in Gut und Böse aufgeteilt.

Aber selbst die Kinder, die nicht die Hilfe eines Psychologen oder Familientherapeuten haben, machen in dieser Zeit instinktiv etwas Ähnliches: Sie schließen sich mit fast traumwandlerischer Sicherheit Kindern an, die ihr Schicksal teilen, und fragen deren Erfahrungen ab: Besuchst du deinen Vater? Kommt er dich holen? Hat deine Mutter einen neuen Freund? Die Kinder erleben jetzt eine sehr anstrengende Zeit und brauchen fast ihre ganze Kraft dafür. In der Schule fallen vorübergehend oft stark die Leistungen ab, sie sind launisch, kränkeln oft und haben Schwierigkeiten, sich überhaupt auf etwas zu konzentrieren. Eltern sollten die Leistungsansprüche an ihre Kinder in dieser Zeit unbedingt etwas senken. Wenn sie es sonst schon nicht können, dann wenigstens jetzt.

Erfahrungsgemäß dauert diese Phase ungefähr ein Jahr. Jungen haben dabei meistens noch andere Probleme als Mädchen. Mädchen erfinden sich oft eine eigene Phantasiewelt, in der ihr Vater zurückkehren wird. Jungen vermissen ihren Vater manchmal so sehr, daß sie physisch leiden. »Sie fürchten sich davor, allein in der Obhut einer Frau zu sein, die den Vater aus dem Revier verjagt hat«, meint Judith Wallerstein. Uns scheint diese Begründung ein bißchen zu sehr nach Erwachsenenmustern gedacht zu sein, aber vielleicht trifft sie ja in manchen Fällen zu. Mütter können in vorsichtigen Gesprächen Ängste abbauen, wenn sie wissen, welche Ängste ihre Kinder überhaupt haben. Mitunter wird das Problem so erklärt, daß Jungen sich insgeheim den Vater als Konkurrenten im Werben um die Liebe der Mutter fortgewünscht haben und nun unter starken Schuldgefühlen leiden, weil in Erfüllung gegangen ist, was sie selbst herbeigesehnt haben. Der Rivale ist verschwunden, und das verstörte Kind glaubt vielleicht an die geheime Macht seiner Wünsche.

Auch diese Ansicht wird hier verkürzt referiert. Manchmal denken wir einfach zuviel; es wäre wichtiger, einen weinenden Jungen zu umarmen, als zu überlegen, ob er einen ödipalen Konflikt haben könnte.

Bei Scheidung drohen Depressionen:

[...] Ist die Scheidung erst ausgesprochen, dann ist das schlimmste für die gestreßten Partner bereits überwunden. [...] Die »emotionale Trennung« also ist es, die den Partnern am meisten zusetzt. Es sind die Warte- und Zweifelszeiten im Glauben an noch vorhandene Liebe; es ist der strittige Kampf um die Erhaltung erworbener Gefühls- und »Besitz«-Werte. All das setzt einen psychodynamischen Prozeß in Gang, der für jeden zweiten in einer depressiven Situation endet. Frauen landen dabei eher im Stimmungstief als Männer (was dem allgemeinen Geschlechtsverhältnis bei Depressionen entspricht).

Je länger die Anpassung in einer Ehe geübt wurde, um so tragischer wird auch die Entfremdung empfunden, besonders in höherem Lebensalter. Dann verklärt sich selbst der vergangene Streit zum bitter entbehrten »Zwiegespräch«. Das paart sich mit Entmutigung, mit mangelnder Kraft zum Neubeginn.

Am Grad der Trennungsdepression läßt sich auch die Schulbildung ablesen: Wer »mehr im Kopf« hat, hängt nicht immer den gleichen Gedanken nach, löst sich eher von unfruchtbarem Groll und Schmerz. Als gesundes Bollwerk gegen krankhaften Stimmungsverfall nach der Trennung erweist sich zudem gesundes Selbstbewußtsein. Fehlt es, so trägt das bittere Früchte für den Betroffenen. Zur Selbstheilung sind dann selbst die Kinder wenig geeignet. Untersuchungen belegen, daß die Depressionsrate sogar mit der Kinderzahl steigt.

Bei Männern läßt sich größere Verhaltenheit in Gefühlsdingen feststellen, auch in Befragungen. Sie geben jedenfalls vor, nach der Trennung weniger an Depressionen und Selbstmordgedanken zu leiden als Frauen. Das allerdings stimmt nicht mit der Tatsache überein, daß sie nach der Scheidung bekanntlich stärker suizidgefährdet sind als ihre »Verflossenen«.

(Quelle: Remscheider General-Anzeiger 5. 8. 1989)

Schlimmer sind die Loyalitätskonflikte, die Kinder in diesem Alter haben. Ein neunjähriger Junge wollte in einer Therapiegruppe nur eines von der Psychologin: Er wollte, daß sie mit ihm übt, vor Gericht *nicht* zu sagen, zu wem er gerne möchte, zu seinem Vater oder zu seiner Mutter. Es war völlig klar, daß er zu seiner Mutter wollte. Aber er wollte nicht, daß diese Aussage irgendwo in den Akten schriftlich erscheint. Für einen Neunjährigen ist das von einer fast gruseligen Weitsicht. Er hatte sich genau informiert, wie ein Familienrichter fragen wird, und wollte auch für Fangfragen und verdeckte Fragen präpariert sein. Aber Tobias wollte auf jeden Fall verhindern, daß das Verhältnis zu seinem Vater in Zukunft dadurch getrübt werde, daß er sich gegen ihn entschieden hat.

Oft sind Kinder in diesem Alter so verwirrt, daß sie gerne beiden, dem Vater und der Mutter sagen, daß sie am liebsten bei ihm bzw. ihr blieben. Wenn sie dann erleben, daß all ihre Äußerungen weitergegeben und im Streit um das Sorgerecht verwendet werden, fühlen sie sich verraten und schuldig zugleich.

Viele Kinder schaffen es nicht, sich aus dem Streit herauszuhalten, und betrachten die Scheidung ihrer Eltern als einen Kampf, in dem sie verpflichtet sind, Partei zu ergreifen. Eltern sollten davon ausgehen, daß ihre Kinder oft mehr verstehen, als es den Anschein hat. Man kann ihnen also auch etwas zutrauen und mit ihnen darüber sprechen, was gerade passiert.

JOPT: Die meisten Kinder wünschen sich nämlich nichts sehnlicher, als daß Vater und Mutter sich wieder vertragen. Wenn aber Elternschaft unter einem Dach nicht länger möglich ist, möchten sie zumindest weiter einen intensiven Umgang mit beiden haben. Die Frage, bei wem es dann seinen festen Wohnsitz hat, ist für das Kind oft zweitrangig. [...]

Untersuchungen an amerikanischen Siebenjährigen haben gezeigt, daß Kinder den Grund für die Trennung der Eltern oft bei sich selbst suchen, sie geben sich dafür die Schuld. Solche Selbstvorwürfe sind bei gemeinsamer Elternverantwortung wesentlich geringer. Das ist auch völlig logisch. In der herkömmlichen Praxis geraten die Kinder in massive Loyalitätskonflikte, weil sie spüren, jeder Elternteil erwartet, sie mögen sich zu ihm bekennen. Dieses Bekenntnis ist aber immer mit der gleichzeitigen Absage an den anderen – Mutter oder Vater – verbunden. Das Kind sitzt in der Falle: Wie es sich auch verhält, es ist falsch, es muß einem der beiden weh tun. [...]

Vor allem größere Kinder lösen diesen Loyalitätskonflikt, indem sie sich mit dem vermeintlich Schwächeren solidarisieren. Sie übernehmen teilweise sogar wörtlich die Sprache von Mutter oder Vater. Zum Beispiel sagen sie: Ich will mit dem Alten nix mehr zu tun haben. Aber in der Seele des Kindes sieht es meist ganz anders aus. Was will denn ein Kind machen, das eine starke Bindung zu beiden Eltern hat, zugleich aber spürt, es darf das nicht offen zeigen? In dieser Lage möchte es sich wenigstens eine Bezugsperson sichern und zahlt dafür den hohen Preis, daß es sich vom anderen Elternteil distanziert. Es ist kein Wunder, daß zwischen Kind und Sorgeberechtigtem häufig eine enge Nähe beobachtet wird. Doch das ist kein Indiz für eine bevorzugte Bindung, sondern läßt oft nur Rückschlüsse auf den hohen Grad der kindlichen Verlustängste zu.

STERN: In Gutachten heben Psychologen aber gerade die feste Bindung als besonders wichtig für das Wohl des Kindes hervor.

JOPT: Das ist das Verrückte. Da kommen Kollegen zu einem Zeitpunkt in das Scheidungsverfahren, wo sich diese psychischen Strukturen bereits verfestigt haben. Dann heißt es etwa, das Kind sei ängstlich und klammere sich an die Mutter. In vielen Fällen reicht das, um einen Elternteil aus der Verantwortung zu entfernen.

Der Bielefelder Psychologie-Professor Uwe-Jörg Jopt

(Quelle: Stern 14. 4. 1988)

Spätere Schuljahre

Kinder zwischen neun und zwölf Jahren sind echte »Sich-Sorgen-Macher«. Sie lernen gerade intensiv Rollenmuster und soziales Verhalten. Sie beobachten ihre Umgebung im Hinblick darauf, ob das, was ihnen beigebracht wurde, auch von anderen erfüllt wird. Also sind sie auf eine gewisse Stabilität angewiesen und haben, wenn ihre Eltern sich scheiden lassen, große Angst, den Rahmen zu verlieren, den sie für ihr Leben brauchen. Außerdem mißachten Eltern, wenn sie sich trennen, meistens die von ihnen für den Umgang miteinander aufgestellten Regeln. Die Kinder werden dann ausgesprochen wütend. Kinder in diesem Alter sind besonders anfällig für Machtkämpfe. Es passiert leicht, daß sie sich entschieden auf eine Seite stellen und auf denjenigen zornig sind, dem sie die Schuld zuschieben. Oder sie werden empfänglich für die Schmeicheleien eines Elternteils, der sie auf seine Seite ziehen und als Verbündeten benutzen möchte. Kinder dieser Altersgruppe sagen manchmal vor dem Familiengericht, daß sie einen Elternteil nie mehr wiedersehen wollen. Glücklicherweise lassen sich Familienrichter heute nicht mehr so häufig von solchen kindlichen Willensäußerungen beeindrucken und fragen nach den Ursachen, also danach, wie die Situation in dem Teil der Familie ist, in dem das Kind sich aufhält.

Kinder in diesem Alter überfordern sich selbst leicht mit der Hilfestellung, die sie einem tiefbetrübten Elternteil geben wollen. Sie schlüpfen in die Rolle eines Partners, lassen sich den Kummer erzählen und wollen trösten. Damit sind sie aber erheblich überfordert.

Ehepartner unterstützen sich normalerweise gegenseitig, aber wenn ein Elternteil nicht mehr da ist, übernimmt ein Kind leicht diese Rolle und schwingt sich zum Partner auf. Manche Eltern erzählen stolz davon, daß sie alles mit ihren Kindern besprechen, und zitieren die weisen Ratschläge ihrer Zehnjährigen. »Mein Sohn und ich sind die besten Freunde« – das ist eine weitverbreitete Art, Kinder aus ihrer Kindheit zu verjagen und ihnen Streß zuzumuten.

Oft leiden die Kinder dann auch noch unter den Turbulenzen neuer Verliebtheiten ihrer Eltern, unter deren neuem Liebeskummer und einer überreizten Atmosphäre zu Hause. Es ist nicht gut, wenn Kinder in diesem Alter sich zuwenig mit sich selbst beschäftigen können, weil sie in ständiger Sorge um ihre Eltern leben und dauernd das Gefühl haben, sich um sie kümmern zu müssen. Ein Signal für die Eltern ist dann, daß Kinder oft krank werden oder in der Schule rapide nachlassen. Wenn sie keine Kraft mehr für die Schule und zum Spielen übrig haben, dann müssen Eltern versuchen, sie von ihren übergroßen Sorgen zu entlasten. Sie dürfen ihre Kinder nicht als Briefträger eigener Botschaften an den Ex-Partner mißbrauchen oder gar als Schikaneure gegen ihn einsetzen.

Tyrannei der Kinder

Gabi Berg liebt ihren Sohn Mike (Namen geändert) über alles. Wenn der 14jährige nachts Spaghetti haben möchte, springt sie aus dem Bett. Für Wochen erstellt der

Gymnasiast einen Küchenplan für seine Mutter. Hält sie sich nicht daran, muß Frau Berg sich übel beschimpfen lassen.

Professor Gerhardt Nissen von der Klinik für Kinder- und Jugendpsychiatrie in Würzburg hat ein Tabu-Thema aufgegriffen: die Elternmißhandlung. »Die Dunkelziffer ist sehr hoch«, weiß der Psychiater aus langjähriger Erfahrung. »Es werden immer mehr Fälle von Kindern bekannt, die ihre Eltern tyrannisieren«, sagt Nissen.

Ein Beispiel aus seiner Praxis: Der 15jährige Marek ist ein Scheidungskind. Nachdem der Vater die Familie verlassen hatte, übernahm der Junge seine Rolle im schlechten Sinne. Er erteilt der Mutter Befehle. Manchmal setzt es sogar Ohrfeigen.

Der Grundstein für dieses Verhalten wird meist im Säuglingsalter gelegt. »Eltern müssen schon früh klar abgrenzen. Wer seinem Kind immer wieder zu verstehen gibt, daß es das Liebste und das Schönste auf der Welt ist, und ihm alles gewährt, gerät in einen Teufelskreis. Anfangs mag es ja amüsant sein, sich dem Kommando des Nachwuchses zu unterstellen. Später wird es schwierig«, sagt Nissen. Die Weichen für ein ausgeprägtes Gewissen müßten rechtzeitig gestellt werden. »Je länger dem Kind keine Grenzen gesetzt werden, um so schwieriger wird es.«

Auch die Kinder, so der Arzt, sind nicht glücklich, wenn sie die Eltern beherrschen. »Sie wissen, daß sie etwas Falsches tun, daß sie im Unrecht sind.«

Die Gründe für eine »weiche Erziehung« sind vielfältig. Sie können in der psychischen Veranlagung der Eltern liegen. So hat ein Elternteil vielleicht Depressionen, möchte in Ruhe gelassen werden und erlaubt alles, um Konflikten aus dem Wege zu gehen. Oder die Eltern sind sich selbst genug, das Kind stört sie eigentlich nur. »Es gibt jedoch auch viele Familien, in denen Uneinigkeit herrscht. Der Vater sagt hü, die Mutter hott. Die Kinder machen, was sie wollen, spielen die Eltern gegeneinander aus«, sagt der Professor.

Nicht nur Jungen, auch Mädchen können zu Tyrannen werden. Sabine (13) etwa nutzt ihr Elternhaus als »Hotel«. Sie weigert sich zu helfen, läßt sich nur bedienen. Nissen: »Das ist kein Einzelfall.«

Besonders häufig seien alleinerziehende Mütter betroffen, die ihre ganze Liebe auf das Kind konzentrieren. Sie wissen von klein auf an, daß sie alles fordern können. Auch berufstätige Eltern, die oftmals »ein schlechtes Gewissen mit Freizügigkeit kompensieren wollen«, können zur Zielscheibe ihres Nachwuchses werden.

Professor Nissen möchte diese Beispiele jedoch nicht als einen Aufruf zur autoritären Erziehung verstanden wissen. »Das Wichtigste für ein Kind ist Liebe. Sie darf jedoch nicht zur Affenliebe ausarten«, sagt er. »Kinder müssen, um auch im späteren Leben bestehen zu können, früh ihre Grenzen kennenlernen.«

In Fällen von Kinderterror empfiehlt der Psychiater eine Psychotherapie. Es sei jedoch schwierig, das schwach ausgeprägte Gewissen der betroffenen Jungen und Mädchen zu schulen.

Eltern in Not können sich an Kinder- und Jugendpsychiatrische Kliniken wenden, an das Jugendamt oder Erziehungsberatungsstellen.

(Quelle: Hamburger Abendblatt Nov. 1992)

Jugendliche

Am erstaunlichsten ist immer wieder die Reaktion von Teenagern auf die Trennung ihrer Eltern. Jugendliche reagieren nicht selten unerwartet sehr traurig und verstört auf die Scheidung ihrer Eltern. Sie hätten bei ihrer Ablösung vom Elternhaus gern ein Netz unter dem Lebenstrapez, einen sicheren Boden für die ersten Kunststückchen auf der Bühne. Das wird ihnen nun genommen, und dagegen wehren sie sich.

»[...] Ich war 16. Eigentlich lief alles okay. Meine Mutter war prima. Aber alle meine Freunde und Klassenkameraden hatten immer Probleme mit ihren Eltern, und da dachte ich, ich sollte auch welche haben. Und weil ich sie nicht hatte, habe ich sie mir eingebildet. Meine Mutter hatte keine Ahnung, was mit mir vor sich ging. Ich bin weggelaufen, verschwand einfach, und sie wußte nicht, wo ich war, monatelang, nur um Probleme zu haben. [...]

Dabei hätte ich gern von meinem Vater eine geklebt gekriegt in meinem Leben. Wie von einem wirklichen Vater aus wirklichen Gründen. Dann hätte man wenigstens ein Verhältnis zueinander gehabt.«

Nastassja Kinski, Scheidungskind

(Quelle: Tempo Juli 1992)

Jugendliche erscheinen ihren Eltern ziemlich rücksichtslos, weil sie pöbeln, kritisieren und sich Frechheiten erlauben, aber andererseits alle Annehmlichkeiten beanspruchen, Kühlschränke leerfuttern und ganz offensichtlich der Meinung sind, die Früchte darin wüchsen von allein nach. Löst sich der Haushalt auf, den sie als Rückendeckung für ihre Erkundungszüge in die Welt brauchen, dann brechen sie manchmal regelrecht zusammen. Sie fürchten, jede Sicherheit und Struktur für ihr weiteres Leben zu verlieren. Sie brauchen ein klares Wertesystem, Regeln, bewilligte Ausgehzeiten, deren Überschreitung und die entsprechende Reaktion darauf. Kurzum: jemanden, der sich um sie sorgt, ebenso wie jemanden, den sie anbrüllen können, daß sie in Ruhe gelassen werden wollen.

Die Reaktion der Jugendlichen auf die Trennung ihrer Eltern ist ambivalent. Ihre Trauer und Wut wird in den Ablösungsprozeß, den sie in dieser Zeit beginnen müssen, sozusagen integriert, und es ist schwer, herauszufinden, inwiefern die häusliche Misere ihren Abschied von der eigenen Kindheit schmerzlicher macht, als er ohnehin schon ist. Sie fühlen sich dadurch, daß die Eltern mit eigenen Problemen belastet sind, allein gelassen. Das steigert die für jede Pubertät normalen Ängste, vor allem wenn sie schon jahrelang unter den schwelenden Konflikten zu Hause gelitten haben.

Hilfe, mein Mann hat eine Tochter

[...] Schauspielerin Isa Haller (32, »Der große Bellheim«) hatte im Juni den Gürtel-Fabrikanten Wynn Katz (44) aus Los Angeles geheiratet.

Schon kriselt's. Grund: Stieftochter Dana (15). Isa Haller, im 3. Monat schwanger: »Die Stieftochter steht zwischen uns, intrigiert. Andere Männer haben eine Geliebte, meiner hat eine Tochter...«

(Quelle: Bild 11. 11. 92)

Viele Eltern heben sich ja sinnigerweise ihre Scheidung für den Zeitpunkt auf, wenn die Kinder »groß genug« sind und sie verkraften können. Aber kein Kind wird die emotionale Durchhaltestrecke bis dahin unbeschadet überstehen. Keinem Kind der Welt entgeht es, wenn die Eltern sich nicht mehr lieben und nur noch aus Vernunftsgründen, »der Kinder wegen«, zusammenbleiben. Vielleicht kommt einfach alles gleichzeitig hoch, wenn die »Eiterbeule« dann mitten in ihrer Pubertät aufgestochen wird. Zu diesem Zeitpunkt haben sie schon einen viele Jahre dauernden »kalten Krieg« hinter sich, der das Blut immer wieder in den Adern zum Gefrieren bringt und manche Menschen jahrelang am Rande des Nervenzusammenbruchs leben läßt.

Ich wurde in New Orleans geboren und war ein Einzelkind; meine Eltern ließen sich scheiden, als ich vier Jahre alt war. Es war eine schwierige Situation mit viel Bitterkeit auf beiden Seiten, und das ist der Hauptgrund dafür, daß ich während des größten Teils meiner Kindheit zwischen Verwandten in Louisiana, Mississippi und dem

ländlichen Alabama hin- und hergewandert bin (mit Unterbrechungen besuchte ich die Schule in New York und Connecticut). Meine private Lektüre war von größerem Gewicht als meine offizielle Erziehung, die sinnlos war und mit meinem siebzehnten Jahr endete, als ich mich um einen Job beim *New Yorker* bewarb und ihn bekam.
Truman Capote, US-Schriftsteller (1924–1984)

(Quelle: Truman Capote: Wenn die Hunde bellen, Hamburg, 1992)

In bestimmten Gesellschaftsschichten ist es immer noch üblich, die Kinder in der Scheidungszeit auf ein Internat zu geben, um die Trennung in Ruhe erledigen zu können. Dann kommen die Eltern am Wochenende abwechselnd mit ihren neuen Partnern, um das Kind abzuholen. Ein Fünfzehnjähriger sieht auf diese Weise vielleicht zum erstenmal die langjährige Freundin seines Vaters oder den Partner der Mutter. Dadurch fühlen sich Teenager schwer hintergangen in dem Loyalitäts-Bindungs-Vertrag, die sie unausgesprochen mit ihren Eltern geschlossen haben. Von ihnen wurde Ehrlichkeit, Vertrauen und Treue erwartet, und hinter ihrem Rücken machen die Eltern »so etwas«.

Teenagern wäre es am liebsten, wenn ihre Eltern liebevolle, völlig neutrale Erscheinungen wären, ohne besondere Eigenschaften und vor allem ohne eigene Sexualität, damit sie ohne Störung oder Irritation ihre eigene Identität entwickeln und mit ihrer aufbrechenden Sexualität fertig werden können. Für Jugendliche, deren Eltern sich scheiden lassen, passieren einfach zu viele dramatische Ereignisse gleichzeitig. Vielleicht liegt eine Chance, ihnen zu helfen, darin, daß man versucht, das Tempo des Lebens ein wenig zu reduzieren. Man kann sich gegenseitig mehr Zeit geben und mal in Ruhe »ausrasten« lassen.

Von den Jugendlichen wird in diesem Alter Vernunft und Einsicht erwartet. Sie selbst wollen ein stabiles Elternhaus, das ihren pubertären Attacken standhält. Sind Eltern dazu nicht in der Lage, dann nehmen Jugendliche das übel. Eltern übersehen die Not ihrer Kinder und interpretieren ihr Verhalten falsch.

Sie wollen sich der eigenen Schuldgefühle erwehren und dem enormen Verantwortungsdruck entziehen.

Das andere Extrem ist, daß Eltern sich vor ihren fast erwachsenen Kindern in einem fort des eigenen Versagens anklagen und sich schuldig sprechen. Sie bringen sich selbst in die unwürdige Lage, sich von ihren Kindern die Absolution erteilen zu lassen. Wie sollen die Kinder dann Respekt und Achtung vor den Eltern haben? Am besten wäre es, wenn es den Eltern gelänge, ehrlich zu ihren Kindern zu sein, ihren Kummer ernst zu nehmen, sich aber auch nicht von dem Egoismus der Teenager beeindrucken zu lassen.

Manfred Vorderwülbecke: Saubere Scheidung

Seit 22 Jahren macht er im Fernsehen Sportsendungen. 22 Jahre dauerte seine Ehe: Manfred Vorderwülbecke (48), einer der beliebtesten ARD-Moderatoren, wurde jetzt in München von seiner blonden Frau Heidi (42) geschieden.

Zur Verhandlung mußte auch Tochter Nina (17) erscheinen. Die Gymnasiastin wurde vom Familienrichter vernommen, bei welchem Elternteil sie künftig leben möchte. Das Mädchen entschied sich für die Mutter. Bei der wohnt auch der bereits volljährige Sohn Florian (20). »Wir haben abgewartet, bis unsere Kinder erwachsen sind«, erzählt Manfred Vorderwülbecke. [...]

»Wir trennten uns vor sechs Jahren zum erstenmal und versuchten dann mehrmals, wieder zueinanderzufinden. Aber wir mußten feststellen, daß es keine gemeinsame Zukunft mehr gibt.«

»Eine friedliche, vernünftige Scheidung. Weder Heidi noch ich haben neue Partner.«

(Quelle: Bunte 14. 7. 1988)

Die Kinder

Wie sie es selber sehen

Zu seinem 10. Geburtstag durfte ein Kind elf Freundinnen und Freunde einladen. Da saßen sie dann kreischend und prustend um die Kaffeetafel, tranken Limonade und versuchten, sich gegenseitig Negerküsse ins Haar zu schmieren. Man plapperte und erzählte sich was. Ein Kind fragte: »Bei wem von euch ist euer Vater noch mit eurer Mutter verheiratet?« Großes Gelächter, nur ein Mädchen hob zaghaft die Hand und war damit in dieser Runde sofort Außenseiterin. Die anderen versuchten wild durcheinander, ihre Familienverhältnisse zu erklären: Wolfgang sei jetzt mit Elfie verheiratet, und Till, sein Halbbruder, der sei aber gar nicht mit seiner anderen Schwester Anna verwandt. Mein Papa lebt in Portugal, und Klaus besucht uns am Wochenende, krähte ein anderes Mädchen. Daniels Mutter hatte neu geheiratet, und er versuchte grade zu erklären, daß Julia, die Tochter des neuen Partners seiner Mutter, jetzt auch seine Schwester sei. Die anderen begriffen sofort die Lage. Die Eltern von einigen Kindern hatten überhaupt nie geheiratet, und drei Kinder lebten allein mit ihren Müttern.

Natürlich sind diese Kinder keine repräsentative Gruppe, aber wir haben hier das Bild von dem Kindergeburtstag ernst genommen und sozusagen eine kleine Geburtstagsgesellschaft versammelt und nach ihrem Leben gefragt. Viel Überraschendes und Erstaunliches ist dabei herausgekommen, und wir haben einige imponierende Kinderpersönlichkeiten kennengelernt. Sie haben ihre eigene, unverwechselbare Geschichte, und sie fangen schon früh an, an der eigenen, selbsterfundenen Biographie zu feilen.

Gregory (12) will Scheidung von Vater und Mutter

Gregory hat genug von seinen Eltern. [...] Der Junge möchte ein normales und glückliches Leben führen – bei einer Pflegefamilie. Als Gregory drei Jahre alt war, trennten sich seine Eltern. Zuerst lebte er kurz bei seiner Mutter Rachel, danach fünf Jahre bei seinem Vater Ralph. Als der anfing zu trinken und die Mutter keinen Job mehr fand, kam Gregory in ein Heim. Er erzählt: »Ich war immer allein. Meine Mutter habe ich in den letzten acht Jahren nur sieben Monate gesehen. Ins Heim kam sie fast nie. Irgendwann rief sie nicht mal mehr an.«

Gregorys Einsamkeit hatte ein Ende, als er George K. kennenlernte. Obwohl George und seine Frau Liz bereits acht Kinder hatten, erklärten sie sich bereit, Gregory aufzunehmen, als sie von seinem Unglück hörten. Seither hat der Junge ein neues Zuhause. »Ich habe endlich eine richtige Familie gefunden. Ich will bleiben.«

Als Mutter Rachel sich weigerte, einer Adoption zuzustimmen, suchte Gregory Hilfe bei der Anwältin Jerry Blair. Doch die Mutter will Gregory zurückholen. Ihre Anwältin Jane Carey: »Wo kämen wir denn hin, wenn Kinder wegen jedem bißchen eine Scheidung von ihren Eltern verlangen.«

Gregorys Sieg vor Gericht

[...] Das Urteil hatte sich bereits abgezeichnet, als Gregory als Kronzeuge in eigener Sache gegen seine Mutter aussagte: »Liebst du deine Mutter?« – »Nein.« – »Liebst du deine leiblichen Brüder?« – »Nein.« – Pause – »Aber ich hasse sie auch nicht.« Ohne zu stocken, mit fester Stimme gab er seine Antworten. Und machte eines ganz klar: »Ich will nie wieder zu ihr, lieber ins Heim.« Und während Mutter Rachel im Zuschauerraum leise vor sich hinweinte, bekräftigte er immer wieder: »Ich führe diesen Prozeß für mich, damit ich glücklich sein kann.«

Sein neues Leben will er mit einem neuen Vornamen beginnen. Gregory: »Ich habe meine Eltern und Geschwister gebeten, mich mit Shawn anzureden. Denn den Namen Gregory habe ich immer gehaßt.«

(Quelle: Hamburger Morgenpost 23. 9. / 28. 9. 1992)

Die meisten Kinder, mit denen wir für dieses Buch gesprochen haben, wollten unbedingt so schnell wie möglich lesen, was wir über sie geschrieben haben. Sie waren nicht nur neugierig, sondern wollten auch wissen, wie wir ihre Geschichte schildern. Wir haben ihnen versprochen, daß sie sich selbst zwar wiedererkennen werden, aber niemand sonst merken wird, um wen es sich handelt. Also haben wir die Namen und ein paar Lebensumstände verändert.

»Ich dachte immer, Mama redet schlecht über Papa, und ich wollte, daß sie damit aufhört. Aber es stimmt ja, was sie sagt. Ich hatte das alles schon vergessen, aber jetzt ist es mir wieder eingefallen.«

Sven, 13 Jahre

Sven kenne ich schon seit ein paar Jahren. Als ich ihn gefragt habe, ob er nicht Lust hat, mir etwas darüber zu erzählen, wie es für ihn war, als seine Eltern sich getrennt haben, grinst er: »*Klar, kein Problem.*« Er will dazu allerdings zum Steak-Essen ausgeführt werden. Als wir uns dann zwei Wochen später treffen, redet er ganz schnell, so als ob er etwas Schreckliches loswerden will. »*Wenn wir uns vor zwei Wochen sofort getroffen hätten, wäre es anders gelaufen*«, sagt er. Jetzt hat sich alles geändert. Sven ist inzwischen zusammen mit seiner Mutter bei seinem Vater gewesen. Bei ihrem Besuch ist das geschehen, was früher oft passiert ist, nur Sven hatte es längst vergessen. Jetzt weiß er wieder, was er so gern vergessen wollte.

Sven ist ein hagerer, fast dünner Junge, mit dunklem Haar. Er erzählt seine Geschichte so, als würde sie nicht richtig zu ihm gehören.

Klar habe er Angst, sagt er, Sein Vater hat seine Mutter nicht nur beschimpft, sondern auch gedroht, sie umzubringen. »*Das ist dein Exitus*«, hat er gebrüllt und vielleicht gemeint, ein Dreizehnjähriger verstünde das nicht. Sven und die kleine Schwester, die der Vater mit seiner neuen Frau bekommen hat, haben geweint und geschrien vor Angst. Sven hat immer wieder gerufen: »*Bring mich um, aber laß Mama in Ruhe!*« Der Vater war so außer sich vor Zorn, daß ihn nicht einmal das beeindruckt hat. Svens Mutter ist in ein Hotel gegangen, und Sven, der gekommen war, um seine Ferien mit dem heißgeliebten Vater zu verbringen, wollte keine Sekunde mehr in dessen Haus bleiben. »*Ich dachte immer*«, sagt er jetzt, »*Mama redet schlecht über Papa, und ich wollte, daß sie damit aufhört. Aber es stimmt ja, was sie gesagt hat. Da drüben in dem Restaurant, da hat er sie auch mal geschlagen, die Kellner mußten sie beschützen, und einmal hat er sie in der Badewanne verprügelt, ich weiß nicht mehr warum. Ich hatte das alles schon vergessen, aber jetzt ist es mir wieder eingefallen.*« Svens Unterlippe fängt an zu zittern. Er hatte schon immer Angst, daß seiner Mutter etwas passieren könnte. »*Aber wenn ihr jetzt etwas passiert*«, sagt er, »*dann habe ich gar keinen mehr.*« Vielleicht fühlt es sich für Sven so an, als sei sein Vater an diesem Wochenende gestorben. Was wäre, wenn der Vater sich bei ihm entschuldigen oder einen Brief schreiben würde? Sven zuckt nur mit den Schultern, er haßt seinen Vater heute so sehr und leidet gleichzeitig darunter, daß er ihn doch auch liebt.

Als Sven vier Jahre alt war, da fing es an, daß seine Eltern sich immer so furchtbar gestritten haben. Eine Zeitlang haben er und seine Mutter in einer anderen Wohnung gelebt, dann ist der Vater weggezogen. Als Sven in die Schule kam, ist er mit seiner Mutter wieder in die alte Wohnung zurückgegangen. Der Vater hat Sven vor den Ferien immer angerufen, zu sich eingeladen und große Reisen mit ihm machen wollen. Aber kurz vorher hat es sich dann jedesmal zerschlagen. Der Vater hatte wichtige Geschäftstermine. Dann hat er angerufen und gesagt, er käme zu Besuch und dann würden sie zusammen Drachen steigen lassen, ein Floß bauen, auf die Kirmes gehen und jede Menge Spaß haben. Aber das hat nie geklappt. Bisher wollte Sven seinen Vater trotzdem immer in Schutz nehmen; vor allem gegen das »Typisch!« seiner Mutter. Jetzt will er das nicht mehr. Er heult nach innen, ohne daß es jemand sehen kann, vor Wut und Enttäuschung.

Der merkwürdig flackernde Blick von Sven beruhigt sich, wenn er von seiner Mutter spricht und von seinem kleinen Bruder. Den neuen Freund seiner Mutter, also den Vater seines Halbbruders, mag er allerdings weniger. Er quält und nervt ihn, wo er kann – ist aber beleidigt, wenn er unfreundliche Antworten von ihm erntet. Er will sich mit ihm messen, aber immer gewinnen. Am schönsten wäre es, wenn er ihn wegekeln könnte, aber dann wäre das Leben langweiliger. »*Manchmal versucht meine Mutter streng zu sein, aber ich muß immer so lachen, wenn sie mich haut.*«

Dann erzählt Sven mir die Inhaltsangaben von ein paar Fernsehserien und guckt auf seine Swatch-Uhr. »*Ich habe schon über zwanzig von solchen Uhren*«, sagt er, »*ich sammle Swatch.*« Swatch-Uhren bekommt Sven von seinem Vater, je nach Lage des schlechten Gewissens oft mehrere auf einmal. Die Uhren sind das, was man im Mittelalter durch Ablaß-Zahlungen zu bekommen versuchte: Eine Vergebung der Sünden. Sven nimmt es gelassen. Er beginnt sich offensichtlich mit mir zu langweilen. Wir gehen noch ein Stück zusammen, verabschieden uns höflich und er bedankt sich für das Gespräch. »*Das hat doch endlich mal was gebracht*«, sagt er und rennt ins Treppenhaus. Wenn seiner Mutter etwas passieren würde, würde ich ihn auf der Stelle adoptieren.

Meine Eltern haben beide zu viel gefordert und zu wenig gegeben.

Carla, 15 Jahre *

»Mit meinen Eltern, das ging nicht mehr. Ich hätte es schlimmer gefunden, wenn sie zusammengeblieben und sich weiter gestritten hätten.«

Claudia, 12 Jahre

Als Claudia vier Jahre alt war, bekam sie eine lebensgefährliche Herzkrankheit. Drei Jahre lang haben ihre Eltern zusammen um sie gebangt, sind zu den Ärzten gefahren, haben im Krankenhaus abwechselnd bei ihr übernachtet und sich gegenseitig darin abgelöst, alles zu tun, was Claudias Leben retten kann. Mit sieben Jahren war Claudia wieder gesund, und kurz darauf haben ihre Eltern sich scheiden lassen. »*Während der Zeit, als ich krank war, konnten sie sich nicht streiten, das hätte mir geschadet*«, sagt Claudia. Aber danach. Claudia wollte dann nur noch, daß dieser Streit aufhört. Als immer häufiger von Scheidung die Rede war, dachte sie andauernd, daß sie sich immer für einen der beiden entscheiden müßte. Das war quälend für sie. Heute weiß sie, daß sie sich nicht für einen der beiden entscheiden muß. Claudia spricht ernst und nachdenklich und denkt vor jeder Antwort eine Weile nach. Sie sagt, daß sie im Krankenhaus viele Kinder kennengelernt hat, die noch schwerer krank waren als sie selbst. Mit zwei Mädchen hat sie sich während der langen Zeit im Krankenzimmer angefreundet. Diese beiden Kinder sind gestorben.

»*Ich hab auf die Medikamente angesprochen*«, sagt sie, »*da waren zwei Ärzte, die haben ein Medikament an mir ausprobiert, das es überhaupt noch nicht gab auf dem Markt. Wenn die das nicht gemacht hätten, wäre ich tot.*«

Claudia ist auf eine besondere Art bescheiden, anders als andere Kinder mit zwölf, die eher »Hallo, hier komm ich – was kostet der Spaß!« sagen.

»*Nö, mit meinen Eltern, das ging nicht mehr*«, meint sie, »*ich hätte es schlimmer gefunden, wenn sie zusammengeblieben und sich weiter gestritten hätten.*« Sie besucht ihren Vater häufig, das ist ihr sehr wichtig, sonst hätte sie viel mehr unter der Trennung ihrer Eltern gelitten. In den ersten beiden Jahren fand sie es wunderbar, in den Ferien immer zweimal zu verreisen. Nur der noch weiter schwelende Streit um das Geld nervt sie. Ihr Vater schimpft über den Unterhalt, den er zahlen muß, und meint, Claudia und ihre Mutter verprassen sein Geld in Saus und Braus. Claudias Mutter stichelt gegen seine neue Familie und schimpft, daß sie mit dem wenigen Geld kaum über die Runden kommen kann. Damit streut sie Salz in eine ohnehin offene Wunde. Claudia ist eifersüchtig wie Hölle auf die neue Frau und das Baby. »*Ich bin das nicht gewöhnt!*« erklärt sie resolut. Claudia ist es viel eher gewöhnt, daß sich alle um sie sorgen. Das mag anstrengend sein, wenn man gerade ins Schwimmbad will oder länger draußen spielen möchte, aber sonst ist es recht angenehm.

Während des letzten Urlaubs mit ihrem Vater hat Claudia im Bett leise in ihr Kissen geweint, weil der Vater mit seiner neuen Frau nebenan im Doppelbett lag und Claudia wohl offensichtlich nicht mehr so lieb hatte wie vorher. Sonst hätte er sich doch länger mit ihr beschäftigt und gemerkt, wie traurig sie ist. Claudia war fest davon überzeugt, daß zum Beispiel Eltern, die drei Kinder haben, ihre Liebe dafür durch drei teilen müssen. Jetzt weiß sie, daß Menschen keine begrenzte Portion Liebe zur Verfügung haben. Bitter findet sie es aber noch immer, daß da eine neue Frau existiert.

Claudias Mutter hat keinen neuen Partner, das findet Claudia schöner. Einmal hat es einen Freund gegeben, von dem sich ihre Mutter allerdings getrennt hat. Dieser Freund erschien danach immer noch in der Stammkneipe an der Ecke, deren Eingang von Claudias Wohnung aus gut zu sehen ist. Nach einer Weile kam er mit einer neuen Freundin, und Claudias Mutter weinte jedesmal. Da ist Claudia eingeschritten. Sie hat einen Brief geschrieben und dem Ex-Freund mitgeteilt, daß er sich in der Gegend nicht mehr blicken lassen sollte.

Claudia ist schon eine beeindruckende Erscheinung, ich kann mir gut vorstellen, daß der Mann kalte Füße gekriegt hat. »*Das war halt auch so 'ne Zeit. Geht halt auch vorbei*«, erklärt sie abschließend, und es hört sich ziemlich krisenerprobt an.

Ihr eigenes Leben vergleicht sie immer wieder mit anderen und stellt befriedigt fest, daß sie es wirklich gut hat. Nur im Wald hat sie furchtbare Angst, sagt sie. Allein in den Wald würde sie nie gehen. Manchmal liest ihre Mutter samstags beim Frühstück laut die Heiratsinserate aus der Zeitung vor, und dann beraten sie miteinander. Aber es ist nie etwas Passables dabei. Claudia ist eine Leseratte, sie liest ein Buch nach dem anderen, und sie kocht leidenschaftlich gerne. Für die Schule lernt sie gewissenhaft. Vielleicht spielt sie ein bißchen zu sehr »Mutter Vernünftig« und übernimmt sich mit ihrer Rolle als Lebensgefährtin der Mutter. Aber sie hat auch einen gesunden Egoismus entwickelt und steht mit beiden Beinen auf der Erde. Unterbuttern lassen wird sie sich nicht so leicht.

> Ich möchte mich nie scheiden lassen. Denn ich würde anderen Menschen damit zu sehr weh tun.
>
> John, 17 Jahre *

»Wenn sich Mama mit jemandem verkracht, dann ist der auch für mich weg. Ich werde nie gefragt. Warum soll ich mich immer auf jemanden einstellen, und der geht dann vielleicht doch wieder weg?«

Fritz, 13 Jahre

Fritz auf die Nerven zu gehen ist nicht schwer. Ich kenne kaum ein Kind, das derart viel, ausgiebig und offenbar ja wohl gern rummeckert wie Fritz. »Knötterpöttchen« sagte man bei uns zu Hause zu diesen Exemplaren der menschlichen Spezies. Ein Nachteil ist, daß man bei Fritz oft nicht auseinanderhalten kann, ob er nun nur nörgelt – oder ob er echten Kummer hat. Wenn Fritz mal wirklich gute Laute hat, dann kichert allerdings bald die ganze Gesellschaft über seine trockenen Bemerkungen und witzigen Beobachtungen. Fritz ist 13 Jahre alt; er ißt gern, und man sieht es ihm an, daß er ein Leckermaul ist. Ausfragen läßt er sich nicht gern, er wechselt schnell und elegant bei unangenehmen Gesprächen das Thema und hält sehr auf seine »Privatsachen«, die niemanden etwas angehen. Anders als seine Mutter, die nichts lieber tut, als über »Privatsachen« zu sprechen.

Fritz findet, daß er es nicht leicht hat mit seiner Mutter, aber wer hat es schon leicht mit Müttern? Obwohl selbst ich ihm manchmal recht geben muß. Seine Mutter ist mitunter eine echte Strapaze. Nur in einer Angelegenheit bin ich völlig anderer Meinung als Fritz. Er findet ihren neuen Freund zum Kotzen, sagt er, und er findet, daß seine Mutter sich bescheuert kleidet und ungünstig verändert hat, seitdem sie mit ihm zusammen ist. Fritz behauptet, daß sie wie eine Modepuppe rumläuft, wenn Hans da ist. Ein paarmal habe ich versucht, aus Fritz herauszulocken, was er an dem Freund seiner Mutter nicht mag, und habe die für seine Verhältnisse unterdurchschnittlich blöde Antwort bekommen, »der« habe fettige Haare.

Fritz hat keine echten Gründe, ihn nicht zu mögen. Es ist nur einfach so, daß er sich zu Hause in der Wohnung, die er bisher mit seiner Mutter allein hatte, nicht mehr wohl fühlt, sobald »der« da ist. Fritz sitzt für sein Leben gern stundenlang auf dem stillen Örtchen und liest Comic-Heftchen, aber er tut es nicht, wenn »der Typ« da ist, weil der garantiert ausgerechnet dann an die Tür klopfen würde. Außerdem haßt Fritz seine Mutter, wenn sie so säuselnd mit Hans spricht und alberne Wörter zu ihm sagt, lacht und glücklich ist, einfach weil er da ist. Fritz mag die komplizierten Gerichte, die »der Typ« kocht, nicht. Er will lieber die fünf verschiedenen bewährten Lieblingsgerichte haben, die seine Mutter ihm immer kocht, die sie aber niemals kochen würde, wenn andere Leute dabei sind.

Nachmittags sitzt Fritz oft in seinem Zimmer und sollte wohl besser Schularbeiten machen, aber vorne in der Wohnung ist »der Typ«, und sein Haß auf ihn lähmt alle Gedanken. Er geht zu ihm hin und will irgendein lästiges Gespräch anfangen, ihn ein bißchen ärgern und anpöbeln, aber »der« geht schon lange nicht mehr darauf ein. Nicht einmal mehr einen Gegner hat Fritz in ihm. Wenn Hans nicht da ist, schleicht Fritz um seine Sachen herum und denkt sich kleine Gemeinheiten aus. Einmal hat er Parfüm in seine Pfeife geträufelt, aber leider war er nicht dabei, als »der Typ« sich seine Pfeife angezündet hat. Fritz' Mutter, die manchmal nicht so recht erziehungsfähig zu sein scheint, hat es Fritz aber erzählt und so getan, als sei sie furchtbar wütend. Aber Fritz kennt seine Mutter gut genug, sie konnte sich das Lachen nur mühsam verkneifen. Auch sonst hält sie meistens zu ihm. Auch damals bei der Sache mit den Bonbons. »Der Typ« hatte riesige Tüten von Bonbons gekauft und im Wohnzimmer aufgestellt. Fritz wollte er keine abgeben. »Ich mag es nicht, wenn man mich um etwas bittet«, hatte er zu Fritz gesagt und ihm nichts abgegeben, nicht mal einen einzigen kleinen Bonbon.

Von da an hat Fritz ihm den Kampf angesagt. Mama sollte es nicht merken, weil sie sich immer so wahnsinnig darüber aufregt. Aber wenn jemand anruft und »den Typ« sprechen will, dann sagt Fritz regelmäßig: »Der wohnt hier nicht.« Nachrichten gibt er grundsätzlich nicht weiter, er geht möglichst in kein Zimmer, in dem »der Typ« ist und ruft nur seiner Mutter zuliebe einen Gruß vom Flur aus, während er die Augen gen Himmel verdreht. Nachdem ihn andere Kinder in der Schule mit Bemerkungen wie »Ist das der Ficker von deiner Mutter?« gequält haben, vermeidet Fritz, so gut es geht, sich mit ihm in der Öffentlichkeit zu zeigen. Er findet allein seine Anwesenheit peinlich. Früher hat er ihm, als er merkte, daß »der Typ« sich eigentlich ganz freundlich mit ihm unterhalten wollte, mit verbiesterter Leidenschaft von den Vorzügen seines Vaters vorgeschwärmt. Wenn dieses Thema bis ins letzte ausgeschöpft war, dann fing er an, von Mamas früherem Freund zu erzählen. Bernd hat das gemacht, Bernd hat dies gemacht... Fritz ist ein feiner Seismograph für Verwundungen, die er anderen zufügt, er spürt, wenn »ein Treffer versenkt« ist. Er weiß, wann er etwas erzählt hat, das »den Typen« schmerzt. Hans ist ebenfalls auf der Hut, er paßt auf wie ein Luchs, keine Gefühle und Gedanken mehr preiszugeben.

Nur die Mutter von Fritz schreit einmal in der Woche, daß sie diesen schleichenden Guerillakampf, wie sie es nennt, nicht mehr aushält. Sie tut Fritz ein bißchen leid in solchen Momenten, aber was kann er schon dafür, daß sie sich einen derart blöden »Typen« ausgesucht hat. Fritz hofft inständig, daß er demnächst ausgewechselt wird und mal wieder ein anderer kommt. So denkt er jedenfalls in manchen Momenten. Aber wenn Hans und seine Mutter sich mal kräftig streiten, dann fürchtet er sich davor, daß Hans wirklich weggehen könnte. Eine Mutter, die wochenlang nur düster vor sich hinstarrt, nie zuhört oder lacht, ist noch furchtbarer als »der Typ« in der Wohnung. Fritz überlegt dann immer krampfhaft, was er ihr noch erzählen könnte, um sie wieder aufzumuntern, aber sie hört nur höflich zu, nickt und versteht nichts von dem, was Fritz ihr erzählt. Außerdem ist seine Mutter, wenn sie wütend ist, so gemein zu Hans, daß er ihm leid tut. Fritz findet dann seine Mutter bescheuert und merkt, daß Hans ganz nett sein kann.

Aber Mama war eben mehr Mama, als Hans noch nicht da war. Abends haben sie zusammen vor der Glotze gelegen. Fritz durfte überhaupt viel mehr, weil Mama zu müde war, es ihm zu verbieten, und es hat ja niemand zugeguckt, vor dem sie sich als Mutter aufspielen mußte. »Komm, wir hauen uns vor die Glotze und essen 'ne Scheußlichkeit«, hat sie abends meistens zu Fritz' Entzücken gesagt, und später, während er seine Zähne putzte und ins Bett ging, räumte sie schnell seine Sachen auf, manchmal machte sie sogar noch seine Schularbeiten und frühmorgens den Abwasch, bevor sie zur Arbeit mußte.

Jetzt schreit sie einmal in der Woche in seinem Zimmer rum und macht alles total ungemütlich, weil sie will, daß er allein aufräumt.

Fritz hat ihr in einem echten Anfall von Gutmütigkeit einen Zettel geschrieben, auf dem er eine Liste bekanntgab, was seine Handreichungen kosten. Einkaufen 5 Mark, zum Beispiel, Müll runterbringen aber schon für 10 Pfennig pro Eimer. Mama hatte über den Zettel gelacht, aber »der Typ« meinte biestig, das sei in Ordnung, er nehme dann ab heute also auch Geld fürs Einkaufen und Kochen. Fritz sagt, seine Mutter sei leicht zu beeinflussen, denn plötzlich fand sie seine Preisliste doch nicht mehr so süß. Nur weil »der Typ« rumgemosert hatte. Fritz wünscht sich immer wieder tagelang ganz dringend nur eins: Er soll wenigstens für ein paar Tage wieder abhauen. Fritz will nicht, daß seine Mutter unglücklich ist. Sie guckt ihn dann immer traurig an, bis er genau weiß, daß er, Fritz, der Grund dafür ist. Er fühlt sich aber kaputt und müde, schon durch die Anwesenheit von Hans.

Wenn der mal wieder eine Woche lang wegbliebe, denkt Fritz, dann könnte er sich ausruhen und auftanken. Dann könnte er mal wieder seine Mama ganz für sich allein haben, und niemand würde stören. Er würde ungeheuer rücksichtsvoll und lieb zu ihr sein, damit sie merkt, wie schön das Leben zusammen mit Fritz ist. Viel schöner als mit »dem Typen«. Okay, er will sich nicht vor ihr Glück stellen, er will einfach nur mal ausspannen. Mama versteht das, aber sie ist schon unglücklich, wenn ihr geliebter Hans ein paar Tage weg ist, außerdem, sagt sie, sie wolle sich nicht von Fritz tyrannisieren lassen. Man könnte einen geliebten Menschen nicht nach Lust und Laune ranpfeifen und wieder wegschicken.

Fritz hätte schon gerne einen Mann im Haus, aber es müßte am liebsten sein richtiger Vater sein. Fritz holt tief Luft, badet genüßlich in seinem Selbstmitleid und beteuert, daß es nicht an ihm scheitern sollte, wenn Mama sich doch nur einfach einen besseren »Typen« zulegen würde. Unerträglich wird mir Fritz, wenn er dann in seiner altklugen Art hinzufügt: »*Sie hätte einen besseren verdient. Sagt Oma auch*«, meint er. Sein Vater findet sowieso alle Männer indiskutabel, mit denen Fritz' Mutter sich je zusammengetan hat, ausgenommen selbstverständlich sich selbst.

Aber Fritz distanziert sich auch gerade von seinem Vater, der strahlt nicht mehr ganz so rosa wie sonst immer. Trotzdem würde er nie ein kritisches Wort über ihn fallenlassen. Das macht er wohl mit sich allein aus. Fritz hat ein klares Feindbild, auf dem er all seinen Haß ablädt: Hans, der Freund seiner Mutter. Und Fritz leidet seiner eigenen Meinung nach Höllenqualen, wenn er gezwungen ist, irgendwo mit den beiden in der Öffentlichkeit aufzutreten. Seine Mutter benimmt sich gern auffällig und regelwidrig, sie gehört zu den Leuten, die bei Rot über die Straße laufen und währenddessen laut wildfremden Kindern zurufen, daß viele Erwachsene Dinge tun, die falsch sind. Fritz versinkt in solchen Momenten im Boden vor Scham. Zusammen sind seine Mutter und Hans am übelsten. Sie gakkern und turteln so herum, daß Fritz sie schlicht alle beide abmurksen will. Wie kann man sich nur so peinlich benehmen? Niemand nimmt auf Fritz' Gefühle Rücksicht, aber er, er soll andauernd auf andere Rücksicht nehmen. Auch alle Ansichten über das Leben, die Fritz bisher bei Hans abgefragt hat, spotten seiner Meinung nach dem gesunden Menschenverstand. Fritz guckt ernst und sagt: »*Der mag keine Kinder.*« Und weiter? »*Der fährt zu schnell mit dem Auto. Der kocht so beknackte Sachen ...*«

Wie gesagt, argumentativ ist Fritz ein bißchen schwach auf der Brust. Aber was ihn immer wieder bewegt, ist, daß er sich so schrecklich fürchtet, wenn er mal hört, daß seine Mutter Hans laut und böse anschreit. Sie soll damit aufhören, denkt er dann. Und neulich ist er zu ihr gegangen, als Hans traurig weggegangen ist, und hat gesagt: Lauf ihm hinterher! »*Mama veranstaltet immer diese brutalen Szenen*«, sagt Fritz, »*wenn sie sich mit jemandem verkracht, dann ist der auch für mich weg. Ich werde nie gefragt. Warum soll ich mich immer auf jemanden einstellen, und der geht dann vielleicht doch wieder weg?*«

> Meine Eltern haben nie danach gefragt, wie es mir geht, und immer ignoriert, daß es mir schlechtgeht.
>
> Patricia, 21 Jahre *

»All diese besonderen Aktionen, von denen geschiedene Väter meinen, daß sie ihren Kindern gefallen, wie in den Zoo gehen oder Ausflüge machen, sind nicht so herrlich, wie einfach mal wieder einen Sonntagnachmittag mit ihm gemeinsam vor dem Fernseher rumlümmeln wie früher. Aber allein mit ihm, ohne seine neue Familie. Das wäre schön.«

Hannah, 16 Jahre

Hannah ist ein Mädchen, das man mühelos als Vorzeigekind herumreichen könnte. Sie hat Freunde und eine »beste Freundin«. Sie ist eine hervorragende Schülerin und rotzfrech im Unterricht. Sie spielt Klarinette und Squash, hat Zeit für

Langeweile und die in ihrem Alter unvermeidlichen Stundengespräche mit der besten Freundin.

Hannahs Eltern haben sich getrennt, als sie sechs Jahre alt war. »*Ich kann mich nicht mehr daran erinnern, echt nicht*«, sagt sie mehrmals und grinst. Ich glaube, sie will sich auch gar nicht so besonders gern daran erinnern. Sie hat einmal mit ihrem Hausarzt darüber gesprochen. Er meinte, daß es für manche Menschen besser sein könnte, nicht allzutief in das Unbewußte zu steigen. Solange ein Mensch im Leben zurechtkommt und zufrieden ist, sollte man nicht in dem wühlen, was darunter brodelt. Die Natur wird Gründe dafür gehabt haben, das Vergessen zu erfinden. Der moderne Aberglaube daran, daß man alles heilen könnte, indem man es ausspricht, ist eines der verbreitetsten Vorurteile. Es gibt Verletzungen, die durchaus nicht dadurch besser werden, daß man – oft sogar gegen den erklärten Willen der Menschen – so lange bohrt und fragt, bis sie ans Tageslicht gezerrt worden sind. Die Berichte, in denen Betroffene dann immer wieder beteuern, wie gut es ihnen getan habe, endlich einmal über ein verborgenes Problem zu sprechen, erinnern mitunter stark an religiöse Erweckungsberichte von Sekten. Die Schwierigkeiten, die wirklich anstehen, kommen von allein immer wieder auf den Tisch, danach muß niemand graben. Manches heilt einfach die Zeit, und schließlich vergißt man es. So etwa referiert die kluge sechzehnjährige Hannah ihren Hausarzt.

Seit zehn Jahren lebt Hannah mit ihrer Mutter und Dieter, dem Freund ihrer Mutter, zusammen. Hannahs Mutter hat auch nach ihrer Trennung immer ein gutes Verhältnis zu Rainer, ihrem Exmann, aufrechterhalten. Die Familien sind sogar ein paarmal gemeinsam im Urlaub gewesen, also: Rainer, seine neue Partnerin Hedi, deren Tochter Simone und Hannah mit ihrer Mutter Christel und Dieter. Und das ging gut? »*Na klar, aber ein bißchen schwierig war es schon.*« Sobald Hannah anfängt, von dem »bißchen schwierig« zu erzählen, sitze ich wie ein Kind im Zirkus, das eine Drahtseilartistin bewundert. Sie ist eine absolute Könnerin im Aufspüren von Empfindlichkeiten, ürigens der eigenen und jener, die die anderen haben. Manche Menschen kommen ja über die Bearbeitung der selbst erlittenen Majestätsbeleidigungen nicht hinaus. Das hätte Hannah sich nie erlauben dürfen.

Sie spürt, welches Maß an Freundlichkeit gegenüber der neuen Frau ihres Vaters für ihre Mutter gerade noch erträglich ist, ohne daß sie eifersüchtig wird. Sie weiß aber auch, daß ihr Vater Kummer hat, wenn sie zu seiner Partnerin unfreundlich ist. Hannah überlegt sich immer, wo sie etwas sagen kann und wo nicht. Sie genießt die Momente, in denen sie mal ungestraft losmeckern kann.

Was ihr immer außerordentlich guttut, ist, mit dem Vater über Simone, Hedis Tochter, herzuziehen. »*Simone ist dermaßen beschränkt, und sie hat immer die Tour drauf: Werd' du erst mal so alt wie ich…, ätzend, sag ich dir.*« Hannahs Vater mag Simone wohl auch nicht so besonders gern, er würde lieber mit Hedi und Hannah zusammenleben als mit Hedi und Simone.

Hedi ist Heilpraktikerin, und als Hannah eine Allergie bekam, schleppte ihr Vater sie ständig zu Heilpraktikern. Nicht zu seiner neuen Partnerin, das war ihm vielleicht doch zu riskant, aber zu anderen. Hannah ging mit, saß Nachmittage lang in Wartezimmern von Heilpraktikern und ließ sich geduldig alles erklären und verschreiben. Zu Hause hat sie dann die Fläschchen mit den teuren Extrakten, Tinkturen und Essenzen dezent verschwinden lassen. Dieter, der Freund ihrer Mutter, ist Chefarzt in der Klinik. »*Schulmediziner!*« wirft Hannah mir als Begriff auf den Tisch. Schulmediziner ertragen offenbar in nächster Umgebung nicht das, was ihnen häufig noch wie »Hexerei« erscheint und worüber sie so gekonnt milde lächeln. Manchmal mag Hannah Dieter, und manchmal mag sie ihn nicht. Wenn Hannah und ihre Mutter sich gut verstehen, fühlt er sich leicht ausgeschlossen und mault. Aber wenn Hannah und ihre Mutter aneinanderrasseln, dann brummt er schon mal dazwischen: »Laß sie in Ruhe!«

Als Hannah noch kleiner war, hing einmal an der Tür ihrer Mutter ein Schild: »Bitte nicht stören!« Dieses Schild hätte dort niemals gehangen, wenn Christel mit Hannahs Vater Rainer hätte schlafen wollen. Hannah hat damals ein kleines Köfferchen gepackt und wollte ausziehen. Sie, für ihren Teil, hatte andauernd auf die Gefühle der sonderbaren Erwachsenen Rücksicht genommen. Warum, verdammt noch mal, taten die ihr so was an. Sich einfach unerreichbar zu machen. Wenn die miteinander schlafen wollen, sagt Hannah heute, dann sollen sie es unauffällig tun.

Hannah ist wirklich ein lustiges Kind, mit dem man sich gern unterhält. Ich glaube, sie wird noch einmal Probleme haben, eine eigene Identität zu finden, weil sie so oft auf andere Rücksicht nimmt. Sie wird immer wieder mal die Enttäuschung erleben, daß sie zwar auf die Bedürfnisse und Gefühle anderer achtet, diese anderen das aber nicht zurückgeben. Sie reagiert überempfindlich auf Loyalitätsverletzungen und ist eher bereit, sich selbst anzuklagen als andere.

Hannahs Mutter, Christel, ist eine liebenswerte, emanzipierte und diskussionserprobte Frau mit leichter Neigung zum Gluckespielen bei ihrem Kind. Sie will immer genau wissen, was mit Hannah passiert, und fragt sie ziemlich viel. Hannah mag das natürlich nicht und antwortet so wenig wie möglich. Einmal ist sie bei ihrem Vater gewesen und hat ihm etwas von einem Jungen erzählt, in den sie sich verliebt hatte. Bei einem Telefongespräch mit seiner Exfrau hat Rainer Hannahs Liebeskummer erwähnt, aber sie wußte noch nichts davon. Christel ist dann nach den üblichen Regeln der Kunst in Tränen ausgebrochen: »Das Kind hat kein Vertrauen zu mir.« Ihre Tochter gänzlich unpädagogisch heftig anklagend hat sie einen Tag lang geweint und immer wieder gesagt: »Deinem Vater, der sich kaum für dich interessiert, erzählst du das, aber mir, deiner eigenen Mutter, nicht. Ich ziehe dich hier groß, sorge jeden Tag für dich, wasche deine Wäsche, koche dein Essen, aber dem erzählst du deine Sorgen, nicht mir.«

Mitteleuropäerinnen können sich diese Litanei mühelos vorstellen. Christel, unansprechbar, meinte immer wieder: »Aber bitte, in Zukunft keine vertraulichen Gespräche mehr in dieser Wohnung, Schluß, aus, vorbei.« Hannah stand vor der Schlafzimmertür und flehte: »*Laß uns doch wieder sprechen, ich habe doch Vertrauen, es war gar nicht wichtig, ich erzähle dir alles.*« »Nein, laß nur«, klang es schluchzend hinter der Schlafzimmertür...

Hannah lacht heute darüber, sie nimmt es mit Humor. Hoffentlich vergißt sie nicht, daß sie eben nichts sagen muß, wenn sie nicht will, daß sie mit ihrem Vater besprechen kann, was ihr wichtig ist, daß es die Mutter einen feuchten Kehricht angeht. Hannah sagt heute noch: »*Warum habe ich ihm das damals bloß gesagt. Ich hätte das lassen sollen.*« Aber sie wird noch lernen müssen, daß sie es ihm durchaus sagen durfte, da bin ich mir ziemlich sicher.

Einen Tip für Väter hatte Hannah auch auf Lager. Sie meinte, daß alle diese besonderen Aktionen, von denen geschiedene Väter meinen, daß sie Kindern gefallen, wie in den Zoo gehen oder Ausflüge machen, nicht so herrlich gewesen seien wie einfach mal wieder einen Sonntagnachmittag mit ihm vor dem Fernseher rumlümmeln wie früher. Aber allein mit ihm, ohne seine neue Familie. Kostbare Zeit mit dem Vater einfach vertrödeln, als ob sie ewig wäre. Das ist schön.

Ich habe Hannah auch gefragt, ob sie ihre Freundschaften anders gestaltet, weil ihre Eltern nicht mehr zusammen sind. In ihrer Klasse, sagt sie, sind viele, deren Eltern sich scheiden lassen haben oder es gerade tun, währenddessen geht es den Kindern meistens dreckig. »*Manchmal sprechen wir darüber.*« Außerdem sollte man, meint Hannah, immer zwei beste Freundinnen haben, die sich auch untereinander mögen. »*Wenn ich der einen ein Geheimnis anvertraue, dann kann sie es sicher nicht für sich behalten, sie braucht jemanden, dem sie es irgendwann weitersagen kann, ohne mir damit in den Rükken zu fallen. Dann ist es gut, wenn es diese zweite Freundin gibt, dann können die beiden miteinander darüber sprechen, nicht mit einem Außenstehenden.*«

Eine ziemlich kluge Lösung, muß ich zugeben. Es kann sein, daß dieses Modell typisch ist für Hannahs Generation. Nach außen wirken die Jugendlichen oft so cool und unnahbar, aber vielleicht geben sie ihre Schutzwälle in einem inneren Kreis auf.

Hannah hat – ich glaube, das war ihr großes Glück – Eltern, die sich auch nach ihrer Trennung gegenseitig nicht verachtet haben. Kinder sind eben immer Kinder beider Elternteile. Sie ähneln dem Vater und der Mutter. Wenn ein Elternteil den anderen haßt und ihn herabsetzt, dann wird dabei immer ein Teil des Kindes abgelehnt und herabgesetzt. Das gibt es ja auch in den Familien. Mein Vater sagte immer mit besonderem Unterton »Deine Tochter!« zu meiner Mutter, wenn ich etwas Idiotisches gemacht hatte. Wohl jeder kennt solche Zuschreibungen, die vermutlich von Scheidungskindern noch wesentlich schärfer empfunden werden.

Hannah hat sehr gute Voraussetzungen, weil sie sich immer der Wertschätzung beider Elternteile sicher sein konnte.

> Ich kann mich nur an eine glückliche Zeit in meinem Leben erinnern. Ich denke oft an sie zurück. Das war, als ich sechseinhalb war.
>
> George, 18 Jahre *

»Am liebsten würde ich bei meinem Vater wohnen, meine Schwester kann ja bei Mama bleiben, die verstehen sich sowieso besser. Bei Papa ist es viel schöner als bei Mama zu Hause, viel lockerer und so, aber das geht ja leider nicht, weil Papa so viel unterwegs ist.«

Peter, 12 Jahre

An das erste Gespräch mit Peter, das schon vor längerer Zeit war, kann ich mich noch gut erinnern. Peter saß neben mir auf einer Bank am Spielplatzrand, seine Beine waren voller Kratzer, die kurzen Haare standen vom Kopf ab, und auf der Stupsnase leuchteten große Sommersprossen. Die Hände hatte er unter den Oberschenkeln versteckt, die Füße scharrten im Sand. Irgend etwas an ihm war immer in Bewegung. Wenn er antwortete, guckte er nach unten und murmelte vor sich hin: »*hmmm*«, »*jaah*« oder »*neeeh*«, so als würde ihn das alles nicht besonders interessieren und eher langweilen.

Vor einem halben Jahr hatten sich seine Eltern getrennt. Für Peter so überraschend, daß er immer noch glaubte, sein Vater würde wiederkommen; er war ja schließlich immer wiedergekommen, auch wenn er oft wochenlang weggewesen war. Peters Vater arbeitet als Monteur fast ausschließlich im Ausland. In all den Jahren hatte Peter ihn vielleicht insgesamt ein, zwei Jahre gesehen. Denn während der meisten Zeit war er auf Baustellen in China, im Iran, in Südamerika oder auf Jamaika. »*Mein Vater schickt mir von überall Postkarten mit ganz tollen Briefmarken und Geschenke bringt er mir mit...*« Und dann zählte er auf: »*Indische Schattenfiguren, ein Würfelspiel aus China, einen Hubschrauber...*« Er stockte kurz mit der Aufzählung, als würde er überlegen und erzählte dann energisch weiter: »*Ein Kran, ein Kreisel, der leuchtet...*« Er stockte wieder, aber dann: »*Und das nächste Mal bringt er mir ein Flugzeug mit, das richtig fliegt.*« Peters Vater konnte alles, wußte alles. Er war ein verwegener Abenteurer und furchtloser Forscher; Peter betete ihn an. Nach seiner Beschreibung stellte ich ihn mir vor wie eine Mischung aus Lederstrumpf und Albert Schweitzer. Oft rief er Peter an, »*mitten aus dem Dschungel am Amazonas, da gibt's richtige, gefährliche Krokodile, aber meinem Vater macht das nichts*«. Das Telefon hatte für Peter eine ähnlich magische Bedeutung wie für den kleinen Jungen in Roland Emmerichs Film »Joey«, »*dem sein Vater war gestorben, aber der war nicht richtig tot, denn er hat ja noch mit Joey telefoniert...*«

Vater, Mutter, Omas und Opas, Tanten, Onkel, Lehrer und Bekannte, alle haben versucht, ihm zu erklären, daß sein Vater und seine Mutter nicht mehr zusammen sind, daß sein Vater nicht mehr nach Hause, sondern woanders wohnt, aber Peter erzählte allen, daß sein Vater im Dschungel arbeitet und wiederkommt. »*Er ist doch immer auf Arbeit gefahren und wiedergekommen.*«

Immer wieder hat Peters Vater seiner Frau versprochen: noch ein Auftrag, noch ein Jahr, dann höre ich auf. Aus dem einen Auftrag wurde noch einer, und aus dem Jahr sind inzwischen acht geworden, immer auf Achse, immer unterwegs. Er hat seiner Frau ein schönes Häuschen gebaut, mit einem großen Garten, am Rande der Großstadt; sie hat einen eigenen Wagen, eine Haushaltshilfe und kann – seit Peters Schwester

Katrin im Kindergarten ist – halbtags in ihrem alten Beruf als Fremdsprachensekretärin arbeiten.

Seit der Trennung der Eltern hat sich das Leben für Peter kaum geändert, außer daß er seinen Vater jetzt häufiger sieht als früher – jedes zweite Wochenende, wenn er nicht auf Montage ist. Peter lebt noch mit seiner Mutter und seiner kleineren Schwester Katrin in dem großen Haus am Stadtrand. Wenn er seinen Vater am Wochenende sieht, unternehmen sie zusammen mit seiner Schwester etwas – wie früher, nur daß die Mutter nicht mehr dabei ist und der Vater nicht mehr zu Hause schläft, sondern eine kleine Wohnung in der Stadt hat. Manchmal schläft Peter dort auch. »*Und dann machen wir Kissenschlachten und frühstücken im Bett und all so Sachen, die Mama zu Hause nie erlauben würde.*«

Natürlich weiß Peter, daß sich zu Hause etwas geändert hat, aber er wehrt sich mit der verzweifelten Kraft eines Kindes dagegen, es zu akzeptieren: »*Mama ist oft traurig und weint, ich sage dann, daß Papa ja wiederkommt, aber dann weint sie nur noch mehr. Sie war früher auch mit mir und Katrin allein, und es war schön, wenn Papa dann nach Hause kam ...*«

Jeder abwesende Vater ist größer, stärker, besser als der liebevollste anwesende. Peter hat während der Abwesenheit seines Vaters einen Phantasie-Papa erfunden, ihn größer, wichtiger und bedeutender gemacht. Was sein Vater im Ausland getan haben *könnte*, war immer mehr, als das, was die Väter seiner Klassenkameraden tatsächlich gemacht haben – und niemand konnte es nachprüfen.

Als ich Peter zwei Jahre später wiedertreffe, ist er ein großer schlaksiger Junge mit Pubertätspickeln geworden. Nicht nur sein Äußeres hat sich verändert. Peter ist zwar immer noch still, aber seine Gesprächsbereitschaft ist deutlich gestiegen: »*Ich hab' das erst gar nicht geschnallt, daß sich meine Eltern getrennt haben, wollte das auch gar nicht. Damals war ja mein Vater für mich der Größte, und meine Mutter war ja immer da. Nachdem mein Vater zu Hause ausgezogen ist, hab' ich ihn viel häufiger gesehen, und das war total toll. Er hat mir plötzlich die blödesten Sachen erlaubt, ich durfte stundenlang im Bett fernsehen und Pizza essen. Das war echt stark.*«

Alles was plötzlich erlaubt ist, wird dadurch uninteressant. Die heimlichen Wünsche und Sehnsüchte, die verbotenen Gelüste und Abenteuer werden durch Legalisierung und Gewöhnung nach einiger Zeit langweilig.

»*Als ich wußte, daß mein Vater nicht mehr zu Hause wohnt und meine Mutter die Scheidung wollte, da war ich unheimlich sauer auf sie und hab' sie angeschrien: Du hast Papa rausgeschmissen, du blöde Kuh, du nimmst mir meinen Papa weg! – und all so'n Zeug. Sie hat's mir zwar versucht zu erklären, aber richtig verstanden hab' ich's nicht. Er war ja früher auch die meiste Zeit weg, auf Arbeit gefahren und ist wiedergekommen. Aber irgendwie muß sie es wohl leid gewesen sein, immer allein zu Hause zu hocken.*«

Die Erkenntnis klingt vernünftig und distanziert. Ein Junge, der seinen Vater über Jahre nur ab und zu gesehen und sich damit abgefunden hat, kann nicht verstehen, daß eine Frau mehr will als einen Besucher. Für Peter ist sein Vater immer ein Besucher gewesen. Jetzt besucht Peter ihn. Aber der Besuch ist nach wie vor etwas Besonderes, ist eben selten und nicht der Alltag. Deswegen sehnt sich Peter nach mehr:

»*Am liebsten würde ich bei meinem Vater wohnen, Katrin kann ja bei Mama bleiben, die verstehen sich sowieso besser. Bei Papa ist es viel schöner als bei Mama zu Hause, viel lockerer und so, aber das geht ja leider nicht, weil Papa so viel unterwegs ist.*«

Resigniert hebt Peter die Schultern und läßt sie fallen, in Gedanken ist er weit weg, folgt seinem Vater in den brasilianischen Dschungel, vielleicht aber auch in eine imaginäre Vergangenheit: »*Wenn ich früher was angestellt habe, hat meine Mutter immer gesagt: Warte nur, bis dein Vater nach Hause kommt. Aber wenn Papa da war und sie es ihm erzählt hat, hat er nur gelacht. Trotzdem hatte ich unheimlichen Schiß davor, daß mein Vater wütend auf mich wird. Dabei habe ich ihn selten richtig wütend erlebt.*«

Katrin, seine drei Jahre jüngere Schwester, war und ist für ihn immer »die Kleine« gewesen. Aber seitdem sich seine Eltern getrennt haben, bezeichnet Peter sie als »*Mamas Liebling*«. Während er früher viel mit ihr gespielt hat und sich rührend um sie kümmern konnte, nervt sie ihn heute nur noch. Ganz schlimm ist es seit einem Jahr, seitdem Peters Mutter einen Freund hat. »*Der fährt total auf Katrin ab, Katrin hier und Katrin da, meine Süße, meine Prinzessin und so'n Scheiß, mich beachtet der überhaupt nicht.*« Peter macht es ihm auch nicht leicht, ihn zu mögen: »*Was will der überhaupt bei uns, wir sind die ganze Zeit ganz gut ohne ihn ausgekommen, der benimmt sich, als wäre er bei uns zu Hause.*« Peter ist nicht mehr der »Boß«. Jahrelang hatte ihn sein Vater, wenn er für Wochen auf Montage ins Ausland flog, gebeten, ihn zu vertreten und auf seine Mutter aufzupassen, denn er sei dann schließlich »der Mann im Haus«. Kinder verstehen keine Ironie. Die Ernsthaftigkeit schlägt zurück, die Wirklichkeit rächt sich an der Vorstellung. Meist nimmt Peters Vater den neuen Freund seiner Mutter in Schutz, aber manchmal können sie auch so richtig über »das Weichei, den Staubsauger« herziehen. In der Welt von B. Traven oder Jack London, unter so knallharten Typen wie Jerry Cotton, Sam Spade und Philip Marlowe ist kein Platz für Hausmänner. Ab und zu bekommt Peter von seinem Vater eines seiner Jugendbücher aus einer alten Kiste geschenkt.

Schon nach zwei Jahren fällt es ihm schwer, sich an früher, die Zeit der Trennung der Eltern, zu erinnern. Vieles, was damals geschah, war seinen Augen und Ohren verborgen; Auseinandersetzungen fanden nie vor den Kindern statt. Sie wurden vor vollendete Tatsachen gestellt. Peter ist noch nicht in dem Alter, in dem er wirklich wissen will, was damals geschah, warum sich seine Eltern getrennt haben. Meist reicht ihm die damals häufige Abwesenheit seines Vaters als Erklärung, aber manchmal kommen ihm doch Zweifel: »*Wenn ich mal Kinder hab, dann laß ich die nicht so häufig allein, zumindest nicht in den ersten Jahren. Ein Kind braucht einen Vater und eine Mutter.*«

Peter hat zur Zeit weder so richtig einen Vater noch eine Mutter, weil sich keiner der beiden so richtig um ihn kümmert. Und er will unbedingt zu seinem Vater. Vielleicht wäre er nicht mehr so grenzenlos einsam, wenn sein Vater es irgendwie einrichten könnte, ihn zu sich zu nehmen. Peter sitzt vornübergebeugt auf der Bank, starrt nach unten und kratzt mit einem Stock den Boden auf. Die Haare fallen ihm ins Gesicht. Mißmutig hat er erzählt, aber jetzt scheint es wieder, als wäre es ihm peinlich, einen Zeugen seines Kummers zu haben.

> Mein Vater und ich sind sehr gute Freunde geworden. Er ist wie ich, und von ihm habe ich jetzt die andere Seite der Geschichte erfahren.
>
> Frank, 17 Jahre *

»Die Sauerei war, daß unsere Eltern uns tatsächlich um Erlaubnis für ihre Scheidung gebeten haben. Ich glaube, ich bin an diesem Nachmittag schlagartig um ein paar Jahre älter geworden.«

Charlotte, 30 Jahre

Charlotte hat eine besondere Geschichte, die sie mit so beeindruckender Würde zu erzählen weiß, als handele es sich dabei um ein sehr seltenes, kostbares Schmuckstück. Sie ist eine ausgesprochen schöne Frau, ist immer die Prinzessin ihres Vaters gewesen, und hat – so scheint es jedenfalls – heute eher darunter zu leiden, daß andere Frauen sie wegen ihrer Schönheit beneiden und hassen, als unter ihren Kindheitserfahrungen.

Als Charlotte ungefähr neun Jahre alt war, verliebte sich ihr Vater in die Frau eines Kollegen. Er fädelte die Sache so geschickt ein, daß es zunächst kaum auffiel. Die beiden Ehepaare befreundeten sich, man traf sich oft und verbrachte Wochenenden zusammen. Charlottes Mutter Sylvia fand Jochen, den Mann von Jaqueline, auf die ihr eigener Mann ein Auge geworfen hatte, liebenswert mit seiner ruhigen, bescheidenen Art. Gerd, Charlottes Vater, war dominanter, bestimmender und ehrgeiziger, ein besessener Arbeiter, der selten zu Hause war, und wenn er da war, dann immer mit einem Stapel Akten unter dem Arm.

Während eines groß angelegten Doppel-Familienurlaubs auf einer Insel landete nach einer Woche eine Privatmaschine mit wichtigen Papieren, die Gerd unterschreiben mußte. Jaqueline war sichtlich beeindruckt, während Sylvia es als Bruch einer Verabredung betrachtete. Jochen war dagegen eher der Typ, der nach der Arbeit nach Hause ging, ein bißchen rumbastelte und für seine kleinen Kinder da war.

Wir wollen hier nicht allzu ausgiebig in dieser Geschichte baden. Jeder kann sich den Rest rasch selbst ausdenken. Jaqueline, die für die Aura des Erfolgs schwärmte, die Gerd umgab, und seine souveräne, weltmännische Art bewunderte, ebenso wie seinen Charme und wohl auch sein Geld, hat dann den Plan ausgeheckt. Man einigte sich auf einen Partnertausch. Jochen zog zu Sylvia und Gerd zu Jaqueline.

Charlotte wunderte sich als inzwischen zehnjähriges Kind zuerst nur darüber, daß Jochen jetzt so oft da war und sogar bei ihnen schlief, während ihr Vater noch seltener als sonst nach Hause kam. Ihre Eltern wollten erst einmal das neue Modell leben, bevor sie es den Kindern vorstellten. Dann kam, wie Charlotte sagt, der schwärzeste Tag ihrer Kindheit, die »Vertreibung aus einem sicheren Haus«. Charlottes Mutter rief die Kinder feierlich ins Wohnzimmer und bat Charlotte und ihren Bruder offiziell um ihre Zustimmung zu dem Plan, sich von ihrem Vater scheiden zu lassen und Jochen zu heiraten. Die Kinder starrten sie entsetzt an, und die Mutter brach in Tränen aus. Eine filmreife, aber keineswegs komische Szene. »*Die Sauerei daran war*«, sagt Charlotte, »*daß sie uns tatsächlich um unsere Erlaubnis gebeten hat. Ich glaube, ich bin an diesem Nachmittag schlagartig um ein paar Jahre älter geworden.*« Charlotte war nun die Vernünftige. Sie wollte, daß ihre Mutter aufhörte zu schluchzen, und sie überredete auch ihren Bruder, seine »Einwilligung« zu geben.

So »vernünftig« also kann man mit Kindern reden. »*Damit war klar*«, sagt Charlotte, »*daß wir eben auch die Verantwortung mit übernommen haben.*« Sie fing an, die Rolle der erwachsenen Tochter fast überzuerfüllen. Sie las und lernte den ganzen Tag. In der durch die anfängliche Verliebtheit zwischen ihrer Mutter und Jochen erotisch geladenen Atmosphäre begann sie mit elf Jahren intensiv über Sexualität nachzudenken und fand die Vorstellung, daß ihre Mutter mit Jochen schlief, schlicht schauderhaft. Normalerweise haben Eltern, wenn die Pubertät ihrer Kinder so langsam anfängt, die heißeste Phase ihrer Verliebtheit hinter sich und nicht mehr ganz so häufig das Bedürfnis, sich zu küssen und zu berühren. Die Sexualität der Eltern pflegt normalerweise mindestens so alt zu sein wie die Kinder. Kinder können gelassener die eigene Sexualität entdecken, wenn die der Eltern nicht so präsent ist.

Charlottes Stiefvater wählte nun die denkbar ungeschickteste Methode, sich in dem neuen Haushalt zu etablieren. Er gebärdete sich als autoritärer Haushaltsvorstand und wollte den – gegen seine eigenen kleinen Kinder – eingetauschten größeren Kindern erst mal »Benimm« beibringen.

»*Mein Stiefvater war 'ne echte Nullnummer*«, nennt Charlotte das. Er verbot ihr ständig Dinge, die sie dann heimlich tat und die sie aus einem feinen Gefühl für Treue auch der Mutter nicht erzählen wollte, weil die sowieso zwischen den Fronten stand. Sylvia verbreitete ständig das Gefühl, sie sei für jede Handlung ihrer Kinder persönlich haftbar zu machen. So als ob sie Jochen vor den Kindern schützen müßte und dafür zu sorgen hätte, daß sie ihn nicht stören und nicht etwa ein häßlicher Anblick für ihn seien.

Charlotte verlor zuerst die Achtung und dann jeden Respekt vor ihrem Stiefvater und warf ihm insgeheim vor, daß er sie dazu gebracht habe, in lauter Lügen zu leben.

Wenn sie dagegen bei ihrem Vater zu Besuch war, erlebte sie, daß er zärtlich und freundlich mit den Kindern von Jaqueline und Jochen umging und daß diese Kinder ihn wirklich liebten. »*Zum Glück waren die viel kleiner als wir*«, sagt sie, »*so daß sie nie eine echte Konkurrenz waren.*« Aber bitter war es schon, daß diese Familie in dem gediegenen Wohlstand des Vaters lebte, während Charlotte das kleine Haus ihres Stiefvaters, in das sie gezogen waren, einfach nur spießig fand: »*Mein Vater hat schon immer mehr Geld verdient als Jochen.*«

Die große Konkurrenz war für Charlotte die Frau ihres Vaters, nicht etwa ihre kleine Stiefschwester. Jaqueline saß elegant gekleidet auf englischen Gartenmöbeln unter alten Bäumen, und Charlotte hätte ihr liebend gerne in die Teetasse gespuckt. Aber merkwürdigerweise war Jaqueline eine Identifikationsfigur für Charlotte, mehr als ihre eigene Mutter, die Charlotte als Verliererin des Tausches empfunden hat.

Charlotte hat sich dann mit einem Mann zusammengetan, den alle Parteien ihrer Familie als echten Fehltritt eingestuft haben. Martin war ein etwas spleeniger Freak, von dem sie mit fünfzehn schwanger wurde. Sie versetzte damit die ganze Familie in helle Aufregung. Auch ihr Vater wurde geholt, und dann saß er auf dem Bett in ihrem Mädchenzimmer und weinte. »*Väter sind komische Leute. Ich sehe ihn da immer noch auf meinem Jungmädchenbett sitzen und schluchzen, wie furchtbar das alles doch für mich sein müßte.*«

Als Freundinnen suchte sie sich damals instinktiv Mädchen, deren Eltern sich ebenfalls getrennt hatten. Sie sagt: »*Man fragt so etwas natürlich nicht, wenn man sich kennenlernt, aber man spürt das irgendwie.*« Besonders Mädchen spüren so etwas, weil sie sich mit einer Freundin immer identifizieren möchten. Während Jungen sich eher befreunden, um gemeinsam etwas zu machen oder über Computer oder Musik zu sprechen.

Aber auch mit ihrem kleinen Bruder hat Charlotte sich während dieser Zeit stark zusammengeschlossen, und noch heute führt sie lange nächtliche Telefongespräche mit ihm, egal wo auf der Welt er steckt. Charlottes »kleiner« Bruder ist schon verheiratet und hat ein Kind. Seine Frau war in der Familie nicht willkommen, und er hat sie darum noch lieber geheiratet. Auch Charlotte tut mit ihren dreißig Jahren noch immer mit Vorliebe Dinge, die ihre Eltern mißbilligen. »*Ich glaube, wenn man so früh aus der Kindheit vertrieben wird, dann hat man keine Chance, richtig erwachsen zu werden. Ich habe andauernd das Gefühl, ich müßte ihnen was beweisen. Zum Beispiel will ich keine Karriere machen, um meinem Vater zu zeigen, daß ich seine unwichtig finde. Aber es ist andererseits so was von schlapp und sinnlos, darüber nachzudenken, was gewesen wäre, wenn das und das nicht passiert wäre.*«

Als der sechzigste Geburtstag ihres Vaters gefeiert wurde, hatten Charlotte und ihr Bruder sich monatelang auf die Rolle

»strahlende und erfolgreiche Kinder« vorbereitet. Charlotte wollte eine Rede halten und ihr Bruder einen eigenen Videofilm über seinen Vater zeigen. Vor dem großen Fest übernachtete Charlotte bei ihrer Mutter und dem Stiefvater, denn die Familien wohnen nur ein paar Kilometer voneinander entfernt. Charlotte fragte abends ihre Mutter: »*Was ziehst du denn morgen an?*« Sylvia mußte sich aber über die Kleiderordnung keine Sorgen machen, denn sie war gar nicht eingeladen. Charlotte knickte regelrecht in sich zusammen. »*Das ist doch nicht zu fassen, daß die nach zwanzig Jahren nicht einmal so viel Anstand haben, sich gegenseitig zu so einem Fest einzuladen, bei dem hundert andere wildfremde Leute kommen.*« Charlotte wollte sofort alles absagen und die ausgearbeitete Rede in den Papierkorb werfen. Sie heulte und schrie vor Enttäuschung, daß ihr Vater die Mutter immer noch in die Aschenputtel-Rolle drängte, sie nicht einlud »zum Ball bei Hofe«, sondern sie zu Hause sozusagen die Erbsen zählen ließ. So kam es ihr jedenfalls vor. Weil sie selbst bereit war, bei einer brillanten Show mitzuspielen, wollte sie, daß auch die anderen an der Märcheninszenierung mitwirken. Sie hatte bei dem Fest zu Ehren ihres Vaters den Part des glücklichen und erfolgreichen Kindes zu spielen, das sie nicht ganz war. Aber ihr Vater erfüllte nicht seinen Teil der unausgesprochenen Verabredung.

So lange hält sich offenbar der Traum, daß man einen schlechten Tausch doch noch rückgängig machen könnte.

> Ich mußte meiner Mutter bei der Erziehung meiner Geschwister helfen. Ich konnte sie doch nicht im Stich lassen. Aber es waren sehr schwere Jahre, und es hat mich ein Stück meines Lebens gekostet.
>
> Rosalie, 14 Jahre*

»Ich habe immer davon geträumt, wie es sein wird, wenn mich meine Eltern fragen, zu wem ich will, aber jedesmal bevor ich eine Antwort fand, war der Traum zu Ende.«

Lisa, 16 Jahre

Als es dann wirklich so weit war und ihre Eltern ihr sagten, daß sie sich trennen würden, war deren erste Frage: »*Willst du selbst entscheiden, ob du bei Mama oder Papa bleibst, oder sollen wir das für dich tun?*« Doch Lisa, die sich so lange mit dieser Frage beschäftigt hatte, antwortete nur: »*Wo bleibt der Hund?*« »*Er wird da sein, wo du bist*«, war die überraschende Antwort der Eltern. Lisa konnte und wollte sich verständlicherweise nicht entscheiden, trotzdem probierte sie es: »*Ich hab' versucht, das wie eine Rechenaufgabe zu machen, aber unterm Strich kam immer Null raus.*« Schließlich sagte sie: »*Laßt doch das Gericht entscheiden ...*« Rechtsanwälte wurden engagiert und der Streit eskalierte. Lisa flog in den Ferien nach Amerika. »*Das war toll, ich hab' überhaupt nicht an den Zoff zu Hause gedacht.*« Ein halbes Jahr später zog die Mutter aus, und Lisa blieb mit ihrem Vater in der Wohnung. Beeinflußt von ihrem Bruder Christian beschloß Lisa, bei ihrem Vater zu bleiben. »*Weil er so fix und fertig war, so schwach und elend, wie ich ihn vorher noch nie gesehen hatte.*« Außerdem sah sie es überhaupt nicht ein, die Wohnung zu wechseln. »*Es war ja schließlich Mamas Bedürfnis auszuziehen. Ihre neue Wohnung war mir so fremd, da war alles ganz anders als zu Hause. Außerdem hatte Mama ja ihren Freund Martin, aber Papa hatte niemanden. Für ihn wäre es schlimmer gewesen, wenn ich zu Mama gezogen wäre, als für Mama, wenn ich zu Papa gegangen wäre.*« Solidarität mit dem Schwächeren, sagen Psychologen, sei eine typische Reaktion von Scheidungskindern.

Als Lisas Mutter vor drei Jahren – nach 23jähriger Ehe – zu Hause auszog, war Lisa 13 und ihr Bruder Christian 21 Jahre alt. Es war zumindest für Lisa das vorläufige Ende eines langen Ehestreites. »*Als ich noch ganz klein war, da war es manchmal richtig schön, im Urlaub, aber auch sonst. Doch die meiste Zeit herrschte bei uns zu Hause miese Stimmung.«* Die Eltern stritten sich über alles mögliche: den leeren Joghurtbecher auf dem Küchentisch, die rechtsradikalen Ansichten des Sohnes, das fehlende Geld, den falschen Kuchen, die Flirts der Mutter mit anderen Männern und ihre Großzügigkeit, das Feierabend-Fernsehgucken des Vaters und sein Desinteresse – nur über Lisa stritten sie sich nie. Sie war das liebe, brave, anständige Mädchen. Sie liebte Pferde und ihren Hund, ging – im Gegensatz zu ihren Freundinnen – noch nicht in Discos und hatte auch keinen Freund.

»Ich versteh überhaupt nicht, wie Mama und Papa heiraten konnten, die sind so total unterschiedlich.« Als sich Karin und Bernd, Lisas Eltern, kennenlernten, heirateten, zusammenzogen und ein Kind bekamen, waren sie noch nicht so verschieden. Die damals 19jährige Karin hatte Dauerwellen und bereits gekocht, wenn Bernd abends müde von der Arbeit nach Hause kam. Jetzt trägt Karin eine getigerte Leopardenhose und hat grüne Strähnen im Haar. Der klassische Emanzipationsprozeß einer Frau in den 80er Jahren dieses Jahrhunderts: Berufsausbildung als Drogistin, frühe Heirat, um zu Hause rauszukommen, Kinderkriegen, zu Hause bleiben, Halbtagsjobs, Ehekrise, noch ein Kind als Ehekitt, kreatives Kindererziehen und Halbtagsjob reichen nicht, noch mehr Ehekrise, Berufswechsel, dann Friedensbewegung, »Frauen helfen Frauen« und Trennung. Dabei wurde Karin immer selbständiger, flippiger, jünger. *»Papa hat sich eigentlich überhaupt nicht verändert, aber Mama. Früher war sie viel braver.«*

Mit Karins Auszug war der alte Ehestreit nicht zu Ende, im Gegenteil, jetzt wurden Rechtsanwälte eingeschaltet, böse Briefe geschrieben, schmutzige Wäsche gewaschen – und Lisa bekam alles mit: *»Papa zeigte mir die Briefe, die Mamas Rechtsanwalt schrieb und regte sich fürchterlich darüber auf. Und Mama machte es genauso. Und ständig gab es Streit um Geld und Möbel. Papa war unheimlich knickerig, wahrscheinlich aus Rache.«*

Lisa war mit der Veränderung ihrer Mutter nicht einverstanden: *»Wenn sie zur Arbeit gegangen ist, habe ich oft gesagt: ›Mama, so kannst du doch nicht rumlaufen.‹ Mir war das* *manchmal richtig peinlich. Die war so flippig.*« Wenn ihre Mutter mit anderen Männern flirtete, dann wurde Lisa sauer und hat das auch gezeigt, denn »*so was stört den Familienfrieden*«. Immer der gleiche kindliche Protest. Während sich die progressiven Kinder früher über ihre rückständigen Eltern aufgeregt haben, sind die konservativen Kinder heute über ihre fortschrittlichen Eltern empört.

»*Als sich meine Eltern getrennt haben, war mir mein Papa fremd, ich kannte ihn ja kaum. Ich sah ihn ja nur immer abends, wenn er müde von seiner Arbeit kam und wir zusammen fernsahen. Wenn Mama dann von ihrer Arbeit nach Hause kam, regten wir uns zusammen darüber auf, daß sie sauber machte, staubsaugte, spülte und so einen Lärm machte.*« Mal war Lisa auf Mamas, mal auf Papas Seite, sie hat es aber nie gezeigt, sich nie eingemischt. Meistens ist sie weggegangen.

»*Als ich anfangs bei Papa wohnte, hat er sich unheimlich viel Mühe gegeben, wir haben viel zusammen unternommen. Aber mit der Zeit hat das dann aufgehört. Wenn Papa von der Arbeit kam, hatte ich schon aufgeräumt, gespült, eingekauft und ihm was gekocht. Dann gab es eine kurze Übergabe: Was liegt an? Was muß gemacht werden? Was fehlt? Ruckzuck. Und dann bin ich raus spielen gegangen. So um neun, zehn Uhr fiel ich dann müde ins Bett.*« Lisa hat bei ihrem Vater die Rolle übernommen, die ihre Mutter verweigerte: die der Hausfrau.

Als Karin auszog und sich mit Sperrmüllmöbeln eine eigene Wohnung einrichtete, hatte sie einen Freund. Martin war zwanzig Jahre jünger als sie und nur ein Jahr älter als ihr Sohn Christian. Lisa fand das *unmöglich* und wollte Martin auch nicht kennenlernen. Das änderte sich erst, als ihr Vater ein halbes Jahr später eine Freundin hatte. »*Die war auch immer da, wo ich geritten bin. Die war allein, und Papa war allein und immer ganz traurig, und da hab ich ihm gesagt, er soll sie doch mal anrufen. Und das hat er dann auch gemacht. Dann sind sie zusammen Essen gegangen, und dabei hat es dann zwischen den beiden gefunkt. Papa hat mich gefragt, ob ich was gegen Britta hätte, wenn, dann könne er das ganze jetzt noch abbre-*

chen, aber wenn er sich richtig verlieben würde, ginge das nicht mehr. Was sollte ich gegen Britta haben? Ich hab sie ja schließlich mit Papa verkuppelt. Und da habe ich mir gedacht, wenn Papa mit einer anderen Frau glücklich ist, kann ich Mama doch nicht verbieten, mit ihrem Martin glücklich zu sein. Irgendwie habe ich ihn dann akzeptiert. Und jetzt verstehen wir uns ganz gut, obwohl er so jung ist.«

Während Lisa bei ihrem Vater wohnte, begann sie sich gesund zu ernähren, aß wenig, achtete genau auf die Kalorien und trieb jede Menge Sport: Jogging, Aerobic, Selbstverteidigung. Ihr Ideal war es, dünn, gesund und fit zu sein, einen durchtrainierten Körper zu haben. Sie aß immer weniger, nahm ab und hatte immer häufiger dieses euphorische Gefühl, wenn der Körper von seinen Reserven zehrt und Endorphine ausschüttet. Hunger, sagt sie, ist eine Sache des Kopfes, nicht des Körpers. Sie bekämpfte den Hunger im Kopf und wurde magersüchtig.

Lisa kam in die Kinderpsychiatrie: »*Die Ärzte haben mir gesagt, wenn ich noch ein, zwei Kilo abgenommen hätte, wäre ich gestorben. Aber ich konnte das gar nicht glauben, mir ging es unheimlich gut. Ich fühlte mich total fit.*« In der Zeit, in der sie für ihren Vater die Hausfrau, den Ersatz für die fortgelaufene Ehefrau spielte, hat sie gerne gekocht, aber nie für sich. Sie hat sich selbst »*nichts gegönnt*«, wie sie sagt, glaubte, das alles »*nicht verdient*« zu haben. Aus den zahlreichen Gesprächen mit Ärzten, Therapeuten, Psychologen und Betreuern hat sie gelernt: »*Es hat keinen Sinn, nach einer Ursache für meine Magersucht zu suchen, wichtig ist zu erkennen, welche Funktion sie hatte. Für Papa war ich die Ehefrau, für Mama die Freundin und für meinen Bruder die kleine Schwester – nur für mich selbst war ich nichts.*« Mit der Magersucht zog sie die Aufmerksamkeit der Eltern auf sich, nach der sie sich immer sehnte und die ihr gleichzeitig auch peinlich ist.

Seit über einem Jahr ist Lisa in der Jugendpsychiatrie, Zeit, an eine Rückkehr zu denken. Doch wohin? Zu Mama oder zu Papa? So *vernünftig*, wie ihre damalige Entscheidung war, ist auch ihre heutige: Sie wird zu ihrer Mutter ziehen, denn der Vater hat eine neue Frau gefunden, die er liebt, die Frau, mit der Lisa ihn »*verkuppelt*« hat. »*Die ist unheimlich lieb, aber total langweilig.*« Er wird zu ihr ziehen und Lisa könnte dort ein Zimmer oder sogar eine Mansardenwohnung unterm Dach haben. Aber Lisa hat Angst, daß sie sich dort nicht wohl fühlt, weil alles so spießig ist. Sie wird zu ihrer Mutter ziehen, die immer noch ein Zimmer für sie bereit hält, mit Möbeln, die sie zusammen mit Lisa ausgesucht hat, auch wenn es dort manchmal »*ziemlich chaotisch ist, aber nicht mehr so doll wie früher*«. Natürlich hat Lisa auch eine »vernünftige« Erklärung für ihre Entscheidung, falls man sie fragt – und das wird sicherlich der Fall sein: »*Das ist doch gerecht – erst war ich zwei Jahre bei Papa, jetzt ziehe ich für zwei Jahre zu Mama, obwohl man das eigentlich nicht so sehen kann.*« Mitgeteilt hat Lisa ihre Entscheidung bisher noch niemandem. Ihr Vater drängt sie, sich zu entscheiden, er zieht gerade um und will wissen, wo seine Tochter wohnen wird. Aber Lisa läßt sich nicht unter Druck setzen. »*Es wäre besser gewesen, wenn sie damals entschieden hätten, wohin ich gehe. Jetzt kann ich es selbst entscheiden*«, sagt sie selbstbewußt. »*Ich hab ein halbes Jahr dafür gebraucht, mich zu entscheiden, aber jetzt steh' ich dazu. Und manchmal werde ich auch in meinem Gefühl bestätigt, daß es so richtig ist.*«

Lisa hat auch schon daran gedacht, in eine therapeutische Wohngemeinschaft zu ziehen. Aber ihre Eltern waren in seltener Einigkeit dagegen. Lisa würde auch ganz gerne alleine leben, in einer eigenen Wohnung, die so eingerichtet ist, wie sie es will. Aber auch das wollen ihre Eltern nicht: Wer soll denn das bezahlen? Außerdem hat Lisa Angst, sich dort zu sehr abzukapseln.

Lisa wäre auch ohne die Trennung ihrer Eltern magersüchtig geworden. Der ständige Streit ihrer Eltern und die damit verbundenen Konflikte, ihre übertriebene Anpassung und ihr Bemühen, es allen recht zu machen, dem Vater, der Mutter, dem Bruder, Omas und Tanten, haben die Herausbildung einer altersgerechten Identität verhindert. Sie hat nie wirklich versucht, »ihren Kopf durchzusetzen«, wie es für Kinder üblich ist. In den Pubertätswirren, als sie zu spüren begann, daß sie kein Kind mehr, aber noch keine Frau ist, fehlten ihr eindeutige

Rollenvorbilder und -vorstellungen, gegen die sie opponieren oder an denen sie sich orientieren konnte. Ihre Mutter entdeckte plötzlich ihre zweite Jugend und wollte wieder jung, spontan, flippig und unangepaßt sein, mit einem Freund, der zur Generation ihres Sohnes gehörte. Der Vater beharrte hingegen auf der traditionellen Familienvorstellung. Lisa konnte diesen Spagat zwischen so unterschiedlichen Lebenskonzepten nicht ertragen. Sie litt unter den ständigen Konflikten, unter den widersprüchlichen Ansprüchen an sie und der ebenso widersprüchlichen Wirklichkeit ihrer Eltern. Ich wünschte, sie würde mal für einen Tag aufhören, für alles und jeden Verständnis zu haben und lieber rumtoben und wütend auf die anderen werden, die ihr zu viel zumuten.

Lisa ist eine drahtige Person, die gerade erst lernt, sich zur Wehr zu setzen. Sie ist hübsch, klug, wach, neugierig, nachdenklich und sensibel, viel zu vernünftig für eine 16jährige, die sich immer nur nützlich machen will, anstatt – wie ihre Freundinnen – »die Sau rauszulassen«. Aber das wird sie vermutlich noch nachholen...

Etwa 0,7 bis ein Prozent aller Jugendlichen leiden unter Magersucht. Dr. Monika Gerlinghoff vom Max-Planck-Institut für Psychiatrie in München hat bei einer Untersuchung der Familien von Magersüchtigen erstaunliche Gemeinsamkeiten festgestellt: So gehören die Kinder vorwiegend der mittleren bis oberen sozialen Schicht an und sind überdurchschnittlich begabt. Die Familien seien emotionslos, aber stark leistungsorientiert; Traditionsbewußtsein und überliefertes Rollenverhalten würden großgeschrieben. Besonders auffällig sei auch das demonstrativ zur Schau gestellte Harmoniestreben. Dramatisch an diesen Familien sei das Undramatische – das gleiche gelte übrigens auch für Eßsucht.

(Vgl.: Therapie der Gegenwart Juni 1988)

Ich habe viel getan, um meinem Vater weh zu tun. Mama hat mir so oft gesagt, daß er ein böser Mensch sei. Heute tut mir mein Verhalten leid.

Jeff, 18 Jahre *

»Manchmal hab ich ein schlechtes Gewissen, wenn ich mit dem neuen Freund meiner Mutter zusammen spiele und lache, während Papa doch so traurig ist.«

Till, 13 Jahre

Till hat während der Zeit des großen Unglücks, das über ihn hereingebrochen ist, als seine Eltern sich scheiden ließen, eine echte Hilfe gefunden. Barbara, die weder so richtig mit seiner Mutter noch mit seinem Vater befreundet gewesen ist, also weder deutlich zur einen noch zur anderen Partei gehörte, hat immer wieder mit ihm gesprochen. Zuerst hat sie ihm beigebracht, daß das, was gerade in seiner Familie passiert, auch in anderen Familien geschieht. Er muß sich nicht dafür schämen und nicht vor lauter Angst den Kopf in den Sand stecken. Wichtig für den »kleinen Professor« Till ist immer, daß er sich Informationen beschafft, die er dann in seinem Computerhirn abspeichern kann. So stellt er es sich jedenfalls vor. Also: Was wird mit seinen Möbeln, wo kommt das Meerschweinchen hin, bei wem bleibe ich und bei wem bin ich dann sozusagen der Besuch?

Barbara hat Till immer wieder eingeschärft, daß die Situation an Schrecken verlieren wird, wenn Till sich traut, seinen Eltern Fragen darüber zu stellen, wie in Zukunft alles sein wird. Die Angst vor der Zukunft, die dann noch übrigbleibt, ist etwas überschaubarer. Barbara hat Till auch davor gewarnt, daß es in der Wohnung furchtbar aussehen wird, wenn sein Papa alle seine Sachen mitnimmt. Till war also vorbereitet, aber als er das leere Zimmer dann wirklich gesehen hat, war es doch um ihn geschehen. Das sah schlimmer aus, als er es sich ausgemalt hatte.

Till wohnt jetzt mit seiner Oma und seiner Mutter in dem alten Haus zusammen, Papa hat eine andere Wohnung genommen. Tills Oma meckert andauernd über seinen Vater. Als Till Barbara davon erzählt hat, wurde sie fuchsteufelswild. »Sag ihr, sie soll das lassen!« Aber das ist leichter empfohlen als getan. Barbara und Till haben zusammen geübt, der Oma freche Antworten zu geben. Zuerst hat Barbara Till gespielt und Till war die Oma und dann, als Barbara Omas Tonfall ganz gut drauf hatte, haben sie die Rollen gewechselt.

Ziemlich oft stellt Till sich in der Woche vor, daß es seinem Papa schlechtgeht, weil er jetzt nicht mehr bei ihnen wohnt. Till hat ein schlechtes Gewissen, wenn er mit dem neuen Freund seiner Mutter spielt und über etwas lacht, während Papa doch so traurig ist. Aber Barbara meinte, Till sei zwar ein echtes Spitzenkind und absolute klasse, aber er sei kein Gott, nicht für das verantwortlich, was seine Eltern machen. Außerdem wisse er doch nicht, ob der Vater tatsächlich die ganze Woche weint, vielleicht lacht er in dem Moment selber gerade. Till sollte ihn bei seinem nächsten Besuch danach mal fragen. Bei dem Thema Besuche fällt Till wieder ein, daß er nächstes Wochenende keine Zeit hat, zu seinem Vater zu fahren. Er weiß aber nicht, wie er ihm das beibringen soll. Also wird geübt. Genauso wie die beiden im Fall Oma geübt haben, trainieren sie nun, einen Termin mit dem Vater am Telefon zu verschieben. Das ist sehr schwer. Ich kenne eine Menge Erwachsene, die das noch nicht können.

> Ich weiß noch genau, wie wir mit Mutter zusammen wegfuhren, ohne Vater Lebewohl zu sagen. Wir fuhren den ganzen Tag über, und ich mußte immer daran denken, wie er am Abend in ein leeres und verlassenes Haus heimkommen würde.
>
> Isabelle, 23 Jahre *

»Okay, ich hab' 'ne Scheidung hinter mir, aber ich bin ganz in Ordnung. Ich mag mich, find' mich auch ganz toll, nur manchmal kann ich mich nicht leiden. Aber wer findet sich schon immer toll?«

Stefanie, 16 Jahre

Stefanie erinnert sich heute noch genau an jenen Tag vor 13 Jahren, als ihre Mutter sie verließ. Petra und Robert, ihre Eltern, hatten sich gestritten, lauter und heftiger als sonst; Stefanie versuchte dazwischenzugehen, die Aufmerksamkeit der Streitenden auf sich zu ziehen, aber die beiden sagten nur: »Sei ruhig!« Stefanie hörte, wie der Streit immer lauter und heftiger wurde. »*Plötzlich stand Mama auf und lief weg. Ich hörte, wie sie die Wohnungstür zuknallte, die Treppe runterlief, in ihren Käfer stieg, der vor dem Haus parkte, und losfuhr. Robert saß heulend im Sessel. Ich glaubte, daß Mama wiederkommen würde, setzte mich auf Roberts Schoß und tröstete ihn.*« Stefanie hat ihre Mutter danach eine Zeitlang nicht mehr gesehen, bis man sich auf Besuche einigen konnte.

»*Noch heute erschrecke ich, wenn ich einen Käfer höre*«, gesteht Stefanie und kommt sich dabei albern vor. Es scheint, als schäme sie sich ihrer »kindischen« Reaktion, als wolle ihr »erwachsener« Kopf mit dieser Bemerkung ihre »kindlichen« Gefühle abwerten, um sie in Schach zu halten und sich vor ihnen zu schützen. Immer noch leidet Stefanie hin und wieder unter Trennungsängsten. Wenn sie Freunde am Bahnhof verabschiedet oder sich von einer Urlaubsbekanntschaft trennt, wird sie immer noch unruhig. Natürlich weiß sie, daß ihr Vater sie nicht verlassen wird, er hat sich immerhin dreizehn Jahre lang bewährt, aber Angst hat sie trotzdem.

Als ihre Mutter Robert nach fünfjähriger Ehe verließ und zu ihrem Tennislehrer zog, war Stefanie drei Jahre alt. Stefanie ist bei ihrem Vater geblieben. Als sie gerade zur Schule kam, lernte Robert seine zweite Frau Simone kennen. Heute ist Stefanie sechzehn und sieht aus wie achtzehn: eine große, attraktive, kräftige junge Frau mit langem blonden Haar, in das kleine Zöpfe mit Perlen geflochten sind, mit zahlreichen großen und kleinen Ringen an den Fingern und einem offenen, freundlichen Gesicht. Betont lässig lagert sie auf dem Sessel mit zerrissenen Jeans und dezentem Make-up. Sie ist es gewöhnt, Komplimente zu hören, zu den »Stars« der Stadt zu gehören, auf der Straße gegrüßt zu werden.

Aber hinter der coolen Fassade lauern Selbstzweifel. Sie sagt: »*Manchmal habe ich Angst vor dem, was ich tue, wenn ich so ausraste und schreie, dann kann ich mich selbst nicht leiden. Aber ich kann das nicht abstellen, so sehr ich mir das auch vornehme. Ich will das nicht und weiß auch, daß das Scheiße ist, aber ich kann's nicht ändern.*«

Stefanie ist dem Auf und Ab ihrer Gefühle hilflos ausgeliefert. Ihre Eltern scheinen vergessen zu haben, wie die Pubertät ist; wenn alles wichtig, bedeutend und schrecklich ist und manchmal nur eine kleine Bemerkung, eine unbedachte Geste ausreicht, von »himmelhoch jauchzend« ins »zu Tode betrübt« zu stürzen. Stefanie fühlt sich nicht ernst genommen in ihrem emotionalen Wirrwarr, weiß aber auch, daß es ziemlich schwer wäre, sie mit ihren Ein- und Ausfällen immer ernst zu nehmen. Manchmal will sie einfach nur getröstet werden, nicht streiten, nichts diskutieren, einfach nur in den Arm genommen werden und wieder Kind sein.

Merkwürdig ist ihre Art, Erwachsenen unterschwellig Vorwürfe zu machen für Dinge, die sie gegen den erklärten Willen dieser Erwachsenen heimlich getan hat.

»*Ich hab' Sachen erlebt, für die ich einfach noch zu jung bin, die waren einfach zu heavy: Ich hab' eine Zeitlang geraucht, dann aber aufgehört, weil es beschissen war. Dann hab' ich eine Zeitlang unheimlich gesoffen und war oft breit. Damit habe ich auch aufgehört. Ich war länger mit einem Typen zusammen, der mich total abgezogen hat. Inzwischen falle ich auf seine coole Art nicht mehr rein. Dann hab' ich unheimlich viel gekifft, auch wenn's mir schlechtging, und das hat mich dann noch weiter runtergezogen. Jetzt kiffe ich nur noch ab und zu, wenn es mir wirklich gutgeht. Aber ich habe Angst, daß ich irgendwas anfange, von dem ich nicht mehr loskomme, LSD oder Designer-Drogen, die werden dir hier ja überall angeboten.*«

Stefanie sucht nach ihrer Identität zwischen dem, was sie sich erklären kann und dem, was sie nicht versteht. Sie will ihren Spaß, aber nicht mehr um jeden Preis. Sie redet ehrlich über sich, ihre Fehler, Ängste und Schwächen. Aber sie kann verschlossen und abwesend sein, wenn sie nicht reden will. Und das kommt in letzter Zeit immer häufiger vor. Zu Hause hat sie argumentieren gelernt, aber auch die Erfahrung gemacht, daß oft über Entscheidungen diskutiert wurde, die längst schon getroffen waren. Gekonnt analysiert sie ihre Situation, erzählt von dem, was sie will und was nicht. Im Machtkreis ihrer Freundinnen und Freunde ist »Cool-sein« eine Art Mitgliedsbeitrag – so wie früher Würmeressen, um in einem Geheimclub aufgenommen zu werden. In diesen Cliquen erzählt man nichts von sich, verschließt sich, um nicht »abgezogen« zu werden: »*Alle sind total cool, gut drauf, lassen ihre Sprüche ab und spielen ihre Spielchen, aber wie's da drinnen aussieht, weiß niemand wirklich, will auch niemand wissen. Ich mach' da ja auch keine Ausnahme.*«

Es gibt eine Sucht nach immer härteren »Funs und Kicks«, das ist so eine Art Zerreißprobe zwischen empfundener Kleinheit und geforderter Größe. Getrieben werden die Jugendlichen von dem altbekannten Wunsch, bewundert, anerkannt und geliebt zu werden. Aber sie benutzen andere Mittel, als früher üblich waren. Wir Erwachsenen wissen nur sehr wenig davon.

Wenn Stefanie »gut drauf« ist, kennt sie weder Uhrzeiten noch besorgte Eltern, auch wenn sie sich danach »mies« fühlt.

»*Eine Zeitlang habe ich echt unter Weltschmerz gelitten, da kam mir alles so sinnlos vor, die Umweltzerstörung, Aids, der Hunger, die Kriege – was hat das alles für einen Sinn? Welchen Sinn hat mein Leben? Wie wird meine Zukunft aussehen? Und solche Sachen. Heute grübel ich nicht mehr so viel, das bringt ja doch nichts, zieht dich nur noch mehr runter. Ich versuche lieber, in meiner kleinen Welt was zu tun.*«

Aber beide Welten, die in ihr drin und die da draußen, sind ihr zur Zeit offenbar zu klein. Immer öfter fährt sie in benachbarte Großstädte, um nicht Leute aus ihrer Stadt zu treffen. Vermutlich tut sie es auch, um aus dem unmittelbaren Kontrollbereich ihres Vaters und ihrer Stiefmutter herauszukommen. Stefanie mag Abwechslungen.

»*Erst fand ich es ganz toll, am Wochenende zu meiner Mutter zu gehen. Da bekam ich Süßigkeiten und all die Sachen, die sie mir zu Hause, also bei meinem Vater, verboten haben. Am Anfang kam ich mit meiner Mutter auch ganz gut aus, ich war ja noch klein, nur mit ihrem Typen, also dem Mann, den sie dann geheiratet hat, kam ich nicht klar, der war echt ätzend, total bürgerlich. Jedesmal, wenn ich bei meiner Mutter war, mußte ich unheimlich viel essen, und danach fühlte ich mich total elend, total überfressen. Wenn wir allein waren, dann war es immer ganz cool, wir haben uns dann zusammen ein Video reingezogen, und meine Mutter war echt spontan, nicht so bürgerlich-spießig wie ihr Mann. An ihre erste Wohnung kann ich mich nicht mehr erinnern, sie ist ja ständig umgezogen. Aber in der zweiten Wohnung hatte ich sogar ein eigenes Zimmer. Da fühlte ich mich echt wohl. So mit dreizehn verlor ich dann die Lust, immer jedes erste Wochenende im Monat zu ihr zu gehen. Mir war es da einfach zu langweilig, und ich hatte auch andere Interessen. Von da an hat sie's dann mit Geld versucht. Sie wußte, daß ich Geld brauche für Klamotten und so, dann rief sie an und sagte, wenn ich vorbeikäme, gäb's auch 'n Schein. Zuerst habe ich das Geld natürlich angenommen, aber irgendwann, so vor einem Jahr, habe ich das nicht mehr gekonnt. Ich hab's zwar noch genommen, fühlte mich aber danach total beschissen. Wenn sie mir heute Geld anbietet, dann sag ich: Ich brauch' dein Geld nicht – auch wenn ich's gebrauchen könnte.*«

Stefanie rückt zur Zeit gerade das ideale Bild zurecht, das sie bisher von ihrer am Wochenende Süßigkeiten verschenkenden Mutter hatte. Bonbons machen dick – und das mag man mit sechzehn nicht mehr. Sich von einer Mutter zu lösen, ist ein notwendiger Prozeß. Wie ist es aber, wenn man sich von einer Mutter lösen muß, die man nie richtig hatte? Manche der neuen Erkenntnisse sind schmerzhaft, und noch schwankt Stefanie zwischen Extremen, die nur schwer auszuhalten sind. Schließlich gehört Mut dazu, sich einzugestehen, daß man jahrelang ein falsches Bild von seiner Mutter hatte. Erst später wird sie wissen, daß ein Teil davon doch richtig war, daß sie nicht alles niederreißen muß. Zur Zeit aber fühlt sie sich einfach aus jedem zuhause ausgeschlossen.

Als Stefanie drei war, hat ihre Mutter sie verlassen und von ihr verlangt, daß sie sie mit »*liebe Mama*« anredet; rund zehn Jahre lang hat Stefanie dann um die Liebe ihrer Mutter gekämpft und ist zu ihr gegangen, wenn ihrer Mutter danach zumute war, jetzt fühlt sie sich von ihr bestochen und unverstanden.

Bis heute hat ihre Mutter mit Stefanie noch nicht über die damalige Trennung gesprochen. Ein bißchen resigniert, aber mit trotziger Lässigkeit stellt sie fest: »*Als Mutter hat Petra echt versagt, das sage ich ihr auch ins Gesicht. Aber irgendwie habe ich ihr vergeben, nur vergessen kann ich es nicht, das werde ich vielleicht nie können... Wenn ich am Wochenende bei meiner Mutter war und mit anderen Kindern gespielt habe, dann habe ich denen gesagt, meine Mutter sei meine Tante. Mir war das total peinlich, geschieden zu sein. Heute macht mir das nichts mehr aus.*« Dieser scheinbar zufällige Versprecher wirft ein scharfes Licht auf ihr damaliges, aber vielleicht auch noch heutiges Empfinden: **Sie** fühlte sich von ihrer Mutter geschieden.

Nachdem Petra einige Fehlgeburten hatte und klar war, daß sie keine Kinder mehr bekommen konnte, hat sie jahrelang beim Jugendamt und vor Gericht darum gekämpft, das Sorgerecht für Stefanie zu bekommen und ist selbst vor den miesesten Anschuldigungen nicht zurückgeschreckt. »*Einmal, da war ich so acht, habe ich zufällig meine Mutter auf der Straße getroffen. Ich war ziemlich weit weg von zu Hause, auf dem Weg zu den Eltern von Simone. Daraufhin hat sie sich beim Jugendamt darüber beschwert, daß Robert mich ganz allein so weit weg von zu Hause gehen läßt. Das war echt bescheuert, ich kannte den Weg genau und bin ihn dutzende Male gegangen.*«

Nicht die Trennung der Eltern war das Schmerzhafte, sondern die Vorwürfe und Anschuldigungen, Beschimpfungen und Beleidigungen, die sie sich in den Jahren danach noch an den Kopf warfen.

»Am schlimmsten war, daß Mama so getan hat, als sei Robert an allem schuld – und umgekehrt. Ich wußte überhaupt nicht mehr, wer meine Eltern sind, und ich wußte nie, wie ich mich verhalten soll, das war echt beschissen. Ich meine, die beiden haben sich doch mal geliebt... Auch wenn Simone schlecht über Mama geredet hat, hab' ich Mama in Schutz genommen, selbst wenn ich der gleichen Meinung wie Simone war. Inzwischen weiß ich natürlich, daß Simone meistens recht hatte, aber das mußte ich doch selbst rausfinden. Nur ich darf meine Mama beschissen finden – sonst niemand.«

Ihren Vater nennt sie Robert, ihre Mutter Petra oder »Mama« und ihre Stiefmutter Simone. *»Das ist doch viel persönlicher, als wenn ich Mama oder Papa zu ihnen sagen würde. Wenn ich auf der Straße ›Papa‹ rufe, drehen sich vielleicht zehn Väter um, wenn ich Robert sage, dann ist das was anderes.«*

Heute trifft Stefanie ihre Mutter nur noch selten und auch nur, wenn es ihr selbst gutgeht. *»Ich würde vor Petra nie weinen, das konnte ich noch nie. Das geht einfach nicht.«*

So ungewohnt es klingt, aber Stefanie mag keine Unzuverlässigkeit, auch nicht, wenn es die der eigenen Mutter ist. Sie weiß, daß sie ihre Mutter ausnutzt, wenn sie nur deren Angebote annimmt, sich aber sonst wenig für sie interessiert. Im Umgang mit Erwachsenen gelten aber die gleichen Regeln wie im Umgang mit Gleichaltrigen: *»Wen man nicht leiden kann, den nutzt man aus.«*

Stefanie leidet ebensosehr unter ihren eigenen Selbstzweifeln, wie unter den Erwartungen, die Gleichaltrige und ihre Eltern an sie stellen. Bei ihren Freundinnen und Freunden muß sie immer die »coole Sau« sein – auch wenn ihr manchmal gar nicht danach ist. Aber Schwäche kann man sich als Jugendlicher unter Jugendlichen nicht leisten, *»das wird sofort ausgenutzt und gegen einen verwendet«*.

Robert und Simone haben Stefanie zur Selbständigkeit erzogen und erwarten von ihr, daß sie sich jetzt auch entsprechend »erwachsen« verhält, auch wenn sie sich selbst manchmal ganz klein fühlt und nur in den Arm genommen und getröstet werden möchte. Aber das darf sie ja jetzt nicht mehr wollen.

Zu der Frau ihres Vaters, Simone, hat Stefanie zur Zeit ein gespanntes Verhältnis, »*obwohl sie total lieb und unheimlich nett ist*«. Sie ist keine Mutter, aber auch keine Freundin, außerdem hat Stefanie manchmal den Eindruck, als sei Simone auf Stefanies Jugend eifersüchtig, ihre Attraktivität, ihre Freiheiten, ihre vielen Bekannten. »*Aber darüber können wir nicht miteinander reden. Schon nach ein paar belanglosen Worten rasten wir beide gleich aus.*«

Stefanie ist natürlich auch eifersüchtig auf Simone. »*Es hat mich zum Beispiel tierisch aufgeregt, als die beiden beim Santana-Konzert händchenhaltend vor mir hergelaufen sind und ich bin allein hinterhergedackelt. Da hab ich unheimlich rumgeschrien und einen tierischen Aufstand gemacht, richtig ausgerastet bin ich, aber da sind sie erst recht sauer auf mich geworden. Ich versteh' ja, daß die beiden sich auf dieses Konzert gefreut haben und zusammen sein wollen, aber ich fühlte mich ausgeschlossen. Ich verstand ja auch, daß die beiden mal allein in Urlaub fahren wollten, aber im Jugendlager fühlte ich mich so richtig abgeschoben. Keiner wollte mich haben. Meine Mama war mit ihrem Typ auf Jamaika, und mein Papa war mit Simone in Afrika. Und ich saß ganz allein in Frankreich am Strand. Aber dann war es doch noch gut da, mit den Leuten und so.*«

Stefanie ist eifersüchtig auf die Zeit, die ihr Vater mit seiner Arbeit, seiner Musik und Simone verbringt. Nichts wünscht sie sich sehnlicher, als mit ihrem Vater wieder einmal morgens im Bett zu liegen und die »Sendung mit der Maus« zu gucken oder mit ihm essen zu gehen, ihn ein paar Stunden für sich ganz allein zu haben.

Stefanie ist ein »Papa-Kind«, sie bewundert ihren Vater, lobt seine Ruhe, liebt die Musik, die er macht, und weiß, wie sie ihn nehmen muß. Sie sieht in ihm eher einen großen Bruder und vermißt den Vater. Sie findet es toll, daß er nicht so spießig ist wie andere Väter, aber es ist ihr auch peinlich, wenn er in Bermuda-Shorts, einem schmutzigen, afrikanischen T-Shirt und Birkenstock-Sandalen zum Elternabend geht: »*Ich hab ihm gesagt, zieh dir erst ein frisches T-Shirt an, so kannst du nicht gehen. Du siehst die Leute nur heute abend, aber ich sehe sie jeden Tag. Er hat sich dann natürlich ein frisches T-Shirt angezogen. Einmal hab ich ihm vorgeworfen, daß er überhaupt nicht erwachsen ist. Und da hat er mir gesagt, das sei das schönste Kompliment, das ich ihm machen könnte.«*

Stefanie sehnt sich nach einer Normalität, die sie nie erlebt hat. Eine Zeitlang, so mit zehn, zwölf Jahren, hat sie versucht, entsprechend einer solchen Norm zu leben, alles getan, von dem sie glaubte, daß man es von ihr verlangte. »*Aber irgendwann konnte ich das nicht mehr. Ich hab gemerkt, das bin ich nicht, also hab ich's sein lassen. Entweder man akzeptiert mich jetzt so, wie ich bin, oder eben nicht. Mir ist das egal.«*

> Wenn mein Freund eine halbe Stunde später kommt als verabredet, denke ich sofort, daß er – wie mein Vater – mit einer anderen Frau zusammen ist.
>
> Donna, 24 Jahre *

»Als Kind fühlte ich mich grenzenlos einsam und verlassen. Nach dem Abitur im Internat bin ich dann zu meiner Mutter gezogen und wollte meine Kindheit nachholen, mich von ihr umsorgen und hegen lassen.«

Bertram, 45 Jahre

Bertrams Geschichte ist eine Geschichte aus dem Adelsmilieu und erinnert ein wenig an das tragische Los von Fontanes Effi Briest. Bertrams Mutter hatte ihren Gemahl, den Grafen, mit dem ortsansässigen Tierarzt betrogen. Der Graf reagierte standesgemäß, ließ sich scheiden und verteilte seine Kinder auf verschiedene Internate. Lachen Sie nicht so frech, ich habe das nicht erfunden, sondern schreibe es nur getreu Bertrams Erzählung auf.

Nur in den Ferien durften die Kinder zu ihrer Mutter, die inzwischen den Tierarzt geheiratet und noch zwei Kinder mit ihm bekommen hatte. Bertram sagt, während dieser Zeit habe er verlernt, sich auf etwas zu freuen. Wenn er in den Ferien bei seiner Mutter sein durfte, hatte die Begegnung bereits am ersten Tag den Stachel des Abschiednehmens in sich. Am ersten Tag des Zusammenseins war Bertraum schon traurig, weil er daran denken mußte, daß er nach den Ferien wieder weg ins Internat fahren würde. Ähnlich erging es seinerzeit angeblich Till Eulenspiegel, der beim Aufstieg eines Berges traurig war wegen der Anstrengung und beim Absteigen geweint hat, weil es ja sowieso bald wieder bergauf gehen würde.

Bertram sagt, er sei als Kind grenzenlos einsam und verlassen gewesen. Mit 18 Jahren, nach seinem Abitur, ist er dann ganz zu seiner Mutter gezogen und wollte seine Kindheit nachholen, sich von der Mutter umsorgen und hegen lassen. Mit seinem Stiefvater, dem Tierarzt, verstand er sich jetzt hervorragend. »*Ich habe ihm viel zu verdanken, aber meine Mutter ist kalt, sie hat sich im Grunde immer nur für sich selbst interessiert und nichts verstanden*«, klagt er.

Welche Eigenschaften an sich selbst erklärt er dadurch, daß er so aufgewachsen ist? »*Ich traue mir nichts zu. Und ich habe panische Angst davor, verlassen zu werden. Ich finde alles blöd und ungenügend, was ich tue.*«

Bertram ist Fotograf mit vollen Auftragsbüchern, er ist erfolgreich, und er hat eine Freundin, die er wundervoll findet und von der er sich geliebt fühlt. Zählt das denn alles nichts? Was er im Leben erreicht hat, der Erfolg und die Zuneigung seiner Freundin? »*Nein*«, grinst er, »*das ist alles nicht genug, das zählt alles nicht. Es ist nie genug.*«

Das ist aber nun nicht speziell Bertrams Problem, das ist ein Problem unserer Zeit. Wer es sich leisten kann, pflegt seine narzißtischen Störungen und würde eher einen Besenstiel fressen, bevor er riskiert, als womöglich langweiliger glücklicher Mensch zu gelten. Machen unsere Neurosen uns nicht kreativ, und erleiden wir nicht alle die Dramen der begabten Kinder? Kinder, deren Eltern sich haben scheiden lassen, haben da vielleicht in all ihrem Kummer einen nicht unbeträchtlichen Vorteil, nämlich den, daß sie ihr Problem einkreisen und benennen können. Jeder von uns erleidet verschiedenste Ungerechtigkeiten und Kränkungen während der Kindheit. Oft dauert es lange, bis überhaupt Worte für so etwas gefunden werden. Kinder, deren Eltern sich getrennt haben, können ihr Problem sozusagen einkapseln und benennen. Psychologisches Wissen ist längst Allgemeingut geworden. (Johannes Mario Simmel sagt ganz richtig, Lieschen Müller sei heutzutage eine gebildete Frau.) Wir alle sind Profis darin, unsere egoistischen Rücksichtslosigkeiten durch wissenschaftliches Beweismaterial zu rationalisieren und unsere Eltern schuldig zu sprechen. Sie haben sich sträfliche Versäumnisse geleistet, wir können ihnen die unausgeglichene Rechnung unserer Kindheit präsentieren. Sie hätten liebevoller, anerkennender und geduldiger sein müssen, und sie hätten sich niemals scheiden lassen dürfen. Die Opferrolle ist nicht nur bequem, sie entlastet uns auch ein bißchen von unseren Selbstzweifeln.

Aber so leicht will Bertram sich nicht in eine bestimmte Ecke stellen lassen. Er sagt, das Nachdenken über seine eigene Kindheit sei keineswegs platte Schuldzuweisung, sondern sein Versuch, Halt zu finden in einer mangelhaften Balance zwischen Minderwertigkeitsgefühlen und Selbstverklärung. Sag ich doch, unser aller Problem.

Und vor allem möchte ich mir Bertram nicht als einen harmonischen Menschen aus dem wohlbestallten Mief eines Herrenhauses vorstellen müssen. Er soll schon so zerrissen und ein bißchen verhuscht sein, wie er ist.

> Mein Vater hat mir gesagt, daß er all die Male, die er nicht gekommen ist, wettmachen wird. An meinem letzten Geburtstag hat er mir keine Karte geschickt, überhaupt nichts...
>
> Candia, 12 Jahre *

»Da sind zwei Berge. Der eine ist meine Mutter, der andere mein Vater, und der See dazwischen, das sind die Tränen, die ich weine.«

Sigrid, 35 Jahre

»*Als Kind bin ich eine Zeitlang im Internat gewesen*«, erzählt Sigrid, »*da war ein Mädchen, mit dem ich nicht einmal besonders dick befreundet war, das Mädchen zeigte mir ein Bild. Darauf hatte es zwei hohe Berge gemalt und einen See dazwischen. ›Der eine Berg ist meine Mutter, der andere mein Vater, und der See, das sind die Tränen, die ich weine*‹.« Sigrid lacht ein bißchen verlegen, weil die Beschreibung so tragisch ist. Die Eltern des Mädchens waren geschieden, und das Kind mußte sie am Wochenende immer abwechselnd besuchen. An einem Wochenende den Vater und am nächsten die Mutter. Diese Geschichte habe ich nie vergessen, sagt Sigrid, und ich habe mir damals ganz fest vorgenommen, daß ich später, wenn ich Kinder hätte, mich niemals scheiden lassen würde.

Sigrid ist jetzt 35 Jahre alt und hat weißes Haar. Sie sieht apart damit aus, aber das schlohweiße Haar ist merkwürdig. Vor zwei Jahren hat sie sich scheiden lassen. Aber sie hat ziemlich lange um ihre Ehe gekämpft. Erst als sie merkte, daß ihr Mann nicht nur die gemeinsamen Ersparnisse geplündert, sondern auch Schulden gemacht hatte, um seine damalige Freundin mit einer schicken Wohnung und Geschenken bei Laune zu halten, hat sie endlich gehandelt. Zuerst das gemeinsame Konto gesperrt und dann die Scheidung eingereicht.

Dann hat sie etwas außerordentlich Kluges getan, womit sie ihren Kindern und sich selbst wahrscheinlich einen Riesengefallen getan hat. Sigrid hat nämlich angefangen, in ein Bodybuilding-Center zu gehen, um an den Geräten ihren Frust abzureagieren, wie sie es nannte. Sie hat ihren Schmerz, ihre Enttäuschung und ihre Demütigung nicht an den Kindern ausgelassen. Die Kinder dürfen ihren Vater alle vierzehn Tage besuchen und mit ihm in den Urlaub fahren. Sigrid versucht, soweit es geht, ihre Kinder nicht damit zu belasten, daß sie ihren Ex-Gatten für einen Schuft hält. Sie ärgert sich nur darüber, daß der Vater mit den Kindern immer nur sonntags und während der Ferien zusammen ist. »*Die machen immer die tollen Sachen zusammen, und bei mir ist dann der doofe, graue Alltag. Ich bin diejenige, die immer sagt: Geht ins Bett, räumt auf, macht eure Schularbeiten. Ich möchte auch mit meinen Kindern zusammen sein, wenn ich frei habe und Zeit für sie hätte.*«

Inzwischen hat sie wieder geheiratet, und ihre Kinder verstehen sich ganz gut mit dem neuen Mann im Haus, ihre Familie hat sich durch ihn finanziell verbessert, und die Kinder dürfen im Sommer am Wochenende auf seinem kleinen Boot mitsegeln. Nur manchmal, wenn es ihnen stinkt, raunzen sie ihre Mutter an: »*Mußtest du ausgerechnet den heiraten?*«

Diesen Kindern ist das Schicksal wirklich freundlich gesonnen, denn sie haben eine Mutter, die sie in ihrer Kinderwelt gelassen hat und es geschafft hat, sie nicht in ihre Erwachsenennöte zu ziehen. Sie dürfen ihren Vater lieben, ohne ihre Mutter damit zu verraten und sich schuldig zu fühlen. Sie dürfen gegen den neuen Mann der Mutter meckern, ohne bestraft zu werden. Sie müssen nicht am Wochenende auf ferne Berge steigen und ganze Seen voller Tränen weinen. Ich schätze, daß sie über die Geschichte mit den beiden Bergen sogar lachen, sie albern und übertrieben finden würden.

> Meine Mutter arbeitet immer, und mein Vater besucht uns nie; deshalb hatte ich schon sehr früh viele Beziehungen, immer wieder andere Jungs.
>
> Norma, 18 Jahre *

Kalle und Jana: Gespräche im Bus

Kalle, 12, Eltern geschieden, lebt bei seinem Vater. Jedes zweite Wochenende und die Hälfte der Ferien ist er bei seiner Mutter.

Jana, 11, ihr Vater hat eine Freundin, verheimlicht dies aber vor seiner Tochter und macht auf heile Familie.

Jana: Meine Eltern werden sich scheiden lassen, Papa hat 'ne Freundin...

Kalle: Bist du sicher?

Jana: Klar, seit Wochen verschwindet er nach dem Gutenachtkuß aus der Wohnung und kommt morgens zurück. Dann gemeinsames Frühstück, Fahrt zur Schule, Arbeit, und abends beginnt das Programm von vorne.

Kalle: Jede Nacht?

Jana: Fast jede Nacht, außer am Wochenende...

Kalle: ... und da machen sie auf glückliche Familie?

Jana: Ja, mit Ausflug, Zoo-Besuch und dem ganzen Tamtam.

Kalle: Streiten sie sich, wenn du dabei bist?

Jana: Nicht richtig. Sie machen so komische Bemerkungen, die ich nicht versteh; und gucken sich so merkwürdig an...

Kalle: ... aber wenn sie glauben, du bist nicht da oder schläfst, dann fliegen die Fetzen. Das kenne ich. War bei meinen Alten genauso. Beim Abendessen war noch happy smile, und wenn ich im Bett war, wurde es laut.

Jana: Hatte dein Vater auch 'ne Freundin?

Kalle: Weiß nich. Da war ich noch zu klein. Seit Mama weg ist, hat er immer Freundinnen. Ich geb ihnen immer Noten. Das beste war bisher 'ne Zwei-plus.

Jana: Und wie haben sie es dir gesagt?

Kalle: Sie wollten ganz toll mit mir ausgehen, und ich durfte bestimmen wo...

Jana: Und?

Kalle: Wir waren bei McDonald's, war damals mein Lieblingsrestaurant. Ich hatte zwei Big Mac, große Pommes und einen Schoko-Shake. Da haben sie es mir dann gesagt. Ich hab' getan, als wär ich total überrascht, dann bin ich aufs Klo geflitzt und hab' gekotzt. Seitdem wird mir bei McDonald's immer schlecht. Wenn sie dich fragen, wo du essen willst, dann sag bloß nicht dein Lieblingsrestaurant.

Drei Wochen später

Kalle: Na, wie war's?
Jana: Das gleiche Programm.
Kalle: Wo wart ihr essen?
Jana: Beim Chinesen. Ich hasse chinesisches Essen.
Kalle: Und was haben sie gesagt?
Jana: Daß sie sich eine Zeitlang trennen werden, weil sie sich nicht mehr so richtig verstehen, daß Papa ausziehen wird, daß sie mich aber trotzdem lieben, alle beide – und daß sie mich immer lieben werden, egal was passiert. Du kennst das ja.
Kalle: Ja, ja und kein Wort von Scheidung.
Jana: Kein Wort.
Kalle: Und was hast du gesagt?
Jana: Ich mußte kotzen. Dann bin ich zum Klo gegangen und hab' tatsächlich gekotzt. Mir war wirklich übel.
Kalle: Sehr gut. Und dann?
Jana: Dann hab' ich sie gefragt, warum sie mir das erst jetzt erzählen, daß ich es schon lange gewußt habe, daß Papa nachts nicht zu Hause schläft, und wie Scheiße ich es finde, daß sie mich so belügen...
Kalle: Das haben sie nur gemacht aus Rücksicht auf dich...
Jana: Und weil sie glaubten, daß sie sich wieder finden.
Kalle: Hatten sie sich denn verloren?
Jana: Ich weiß nicht, ich glaube, sie meinten, daß sie hofften, daß sie sich wieder vertragen, oder daß Papa sich von seiner Freundin trennt. Ich weiß nicht. Erwachsene reden immer so allgemein und so hintenrum.
Kalle: Und dann?
Jana: Dann haben sie mich doch tatsächlich gefragt, bei wem ich lieber sein möchte.
Kalle: Das kommt eigentlich erst später, wenn sie sich schon richtig getrennt haben. Und was hast du gesagt?
Jana: Natürlich bei beiden. Wie soll ich mich denn entscheiden? Sind doch beide meine Eltern. Da haben sie angefangen zu heulen.
Kalle: Mich haben sie auch gefragt, obwohl klar war, daß ich

bei meinem Vater bleibe. Meine Mutter ist ja mit 'nem Typ abgehauen. Das fragen sie nur, weil sie sich selbst nicht entscheiden können – und damit sie nachher, wenn's nicht klappt, sagen können, du hast es ja so gewollt.

Jana: Ich glaube auch, daß ich bei meiner Mutter bleiben werde und Papa bei seiner Freundin.

Kalle: Hast du sie schon mal gesehen?

Jana: Ja, kurz im Café. Ich weiß nicht, was Papa an der findet.

Kalle: Hat deine Mutter auch 'nen Lover?

Jana: Weiß nicht, glaube nicht.

Kalle: Das kommt schon noch, wart's ab, wir reichen denen nicht.

Ein paar Monate später

Kalle: Na, wie läuft's?

Jana: So la la. Am Wochenende bin ich abwechselnd Gepäckträger und Prinzessin.

Kalle: Jedes Wochenende?

Jana: In der Woche bei Mama und von Freitag bis Sonntag bei Papa.

Kalle: Und seine Freundin?

Jana: Ist manchmal auch da.

Kalle: Ist sie okay?

Jana: Sie versucht es. Aber jedes Wochenende dieser Ausflugstreß, das schlaucht echt. Ich kenne jeden Film, jeden Zirkus, jedes Schwimmbad, jede Pizzeria.

Kalle: Keine Chinesen?

Jana: Ich hasse Chinesen.

Kalle: Das gibt sich mit der Zeit...

Jana: Ich werde nie mehr chinesisch essen.

Kalle: Nein, ich meine diesen Wochenend-Ausflug-Streß. Irgendwann werden sie's leid. War bei meiner Mutter am Anfang auch so. Die haben doch 'n schlechtes Gewissen uns gegenüber. Und das versuchen sie mit diesem ganzen Rummel wegzukriegen.

Jana: Aber warum können die sich denn nicht ganz normal verhalten?

Kalle: Was ist schon normal. Du mußt noch 'ne Menge lernen. Sie wollen dich beide – und das mußt du ausnutzen. Jeder will der Beste sein. Was dir der eine verbietet, das erlaubt dir der andere, nur um dich auf seine Seite zu ziehen und dem anderen eins auszuwischen.

Jana: Quatsch! Mama sagt: Frag Papa. Und Papa sagt: Frag Mama. Sachen, die ihnen nicht in den Kram passen, wollen sie nicht entscheiden.

Kalle: Die schwierigen Dinge mußt du immer selbst entscheiden, da hilft dir keiner. Ich spreche ja auch von den angenehmen.

Jana: Versteh' ich nicht.

Kalle: Wenn du deiner Mutter sagst, bei Papa darf ich das aber, dann ist sie sauer und will dich erziehen. Wenn du sie aber fragst, ob du etwas darfst, was dein Vater dir nie erlauben würde, dann erlaubt sie es dir – so einfach ist das.

Jana: Und das klappt?

Kalle: Meistens. Ich habe jahrelange Erfahrung darin, glaube mir.

Nach Robert M. Youngs Spielfilm »Nicht von schlechten Eltern« (Rich Kids) USA, 1979.

> Es war wichtig, daß meine Mutter meinen Vater verließ. Er ist grausam und gewalttätig. Aber ich habe ständig Angst davor, daß ich einen Mann wie meinen Vater heiraten könnte.
>
> Christine, 15 Jahre *

Wie es die Kinder selbst erzählen

Ein paar Kinder haben ihre eigene Geschichte aufgeschrieben und sie uns gegeben. Sie sollen also auch so zu Wort kommen, wie sie es möchten.

Zwei Mädchen, Sandra (12) und Silke (13), werden von ihren

Freundinnen beschrieben. Sie haben eine Menge von den Erwachsenen aufgeschnappt, und ein bißchen klingt es, als seien ihre Barbie-Puppen in Unannehmlichkeiten geraten. Aber da wir die Kinder, die sie beschreiben, kennen, wissen wir, daß sie vieles haarscharf beobachtet haben.

Wir haben uns erlaubt, an einigen Stellen Kommas zu setzen oder die Rechtschreibung vorsichtig den allgemein gültigen Regeln anzupassen.

Johanna, 13 Jahre

Eigentlich sind meine Eltern ganz okay. Bis auf einen kleinen Makel, sie sind seit meinem 6. Lebensjahr getrennt. Gestritten haben sie sich bestimmt schon, seitdem ich denken kann. Warum sie sich dann letztendlich getrennt haben, weiß ich nicht, aber wahrscheinlich konnten sie nicht mehr miteinander leben.

In den Genuß einer Scheidung kamen sie nie, da mein Vater der Ansicht war, heiraten sei kleinbürgerlich. An meine Gefühle kann ich mich nicht mehr so gut erinnern. Ich war mit meiner Oma im Urlaub auf Föhr, als meine Mutter anrief und sagte, wir würden nach den Ferien in eine andere Stadt ziehen. Alleine! Ich mit meinen sechs Jahren verstand das noch nicht so gut, aber geweint habe ich nicht. Warum auch, das war doch ziemlich spannend, in eine andere Stadt. Außerdem dachte ich, das wäre nur wie Urlaub. Daß wir Papa für immer verlassen würden, habe ich nicht verstanden.

Danach haben sie sich noch sehr gut vertragen. Papa kam oft zu uns, und eigentlich hatte sich nicht viel verändert. Sie turtelten wie früher herum. Jedes Wochenende besuchte ich meinen Vater, der mit in dem großen Haus meiner Oma wohnt. Eigentlich war ich recht glücklich. Na ja, ich glaube, ich habe auch viel geweint, weil ich ja wollte, daß meine Eltern wieder zusammen wohnen. Meine Mutter sagt, ich hätte auch lange Zeit immer schlechte Träume gehabt. Als ich im Urlaub mit meinem Vater war, erzählte er mir ein paar »Wahrheiten« über meine Mutter, die ich natürlich sofort glaubte, die meine Mutter aber sehr schnell aus mir rausquetschte und mich sofort aufklärte, was für ein Blödmann er sei. Sie rief ihn an und schrie ihn an, wie er mir solche Lügengeschichten erzählen könnte. Die beiden fingen wieder an zu streiten. Und heute darf ich nicht mehr mit meinem Vater verreisen. Auch so eine Machtausspielung meiner Mutter. Und er redet nicht mehr mit ihr.

Heute habe ich beide recht gut im Griff. Wenn einer anfängt, über den anderen schimpfen zu wollen, sage ich nur noch: »Haltet doch endlich die Klappe, ich finde, daß man sich in eurem Alter etwas erwachsener benehmen sollte. Oder?« Heute fühle ich mich recht glücklich, so wie mein Leben sich dann letztendlich entwickelt hat.

Als kleines Kind dachte ich, mein Leben wäre so eine gerade Straße, also alles ganz sicher. Dann ist Mama gekommen und hat einen Stein davor gerollt und mich auf ihren Zickzackkurs mitgenommen. Aber vieles hätte ich sonst nicht kennengelernt.

Meine Mutter ist schuld daran, daß ich ohne Vater aufgewachsen bin.

Richard, 17 Jahre *

Julia, 14 Jahre

Meine Eltern leben, seitdem ich fünf Jahre alt bin, getrennt. Geschieden haben sie sich drei Jahre später. Alles fing ungefähr an, als ich zwei oder drei war. Sie stritten sich immer häufiger und heftiger. Deshalb habe ich ein Kindermädchen bekommen, in der Hoffnung, daß ich nicht so viel von ihren Streitereien mitbekommen würde. Als ich zwei war, davon weiß ich nichts mehr. Immer wenn es wieder einmal zum Streit kam, schickte Mami mich mit Tina, dem Kindermädchen, in mein Zimmer, wo sie mir laut vorlesen und vorsingen mußte. Sehr gut kann ich mich daran erinnern, daß ich fürchterlich, geradezu hysterisch, angefangen habe zu weinen, wenn Papi mit einer etwas lauteren Stimme redete.

Die meisten Kinder, so glaube ich, werden sehr, sehr traurig, wenn sich die Eltern scheiden lassen, so daß die Eltern, um Rücksicht auf die Kinder zu nehmen, sich nicht trennen. Ich finde das lächerlich. Ich glaube, jedes Kind kann eine Scheidung der Eltern ohne irgendwelche Schäden verkraften. Wenn die Eltern sowieso keine Gemeinsamkeiten mehr haben, was bringt denn das? Ich habe nie irgendein Mitleid für meinen Vater empfunden, in gewissen Situationen sogar Haß. Ich hatte immer große Angst um Mami, daß er ihr weh tun oder in irgendeiner Weise schaden könnte. Als Mami dann mitten in der Nacht mit mir – ich nur im Nachthemd – zu Freunden gegangen ist und mit verweinten Augen sagte: »Ich gehe nie wieder zu ihm zurück!«, verstand ich erst richtig ihre Situation. Wir fanden eine Wohnung, nicht weit von ihm entfernt (leider), und zogen ein. Ein paar Tage, nachdem Mami mit mir weggegangen war, ging sie zu ihm, um Kleidung zu holen. Er schrie mit seinen wütenden Augen auf sie gerichtet: »Komm zu mir zurück oder du wirst noch viele Wunder erleben! Du bekommst nichts von mir, nichts!« Mami ließ sich nicht einschüchtern und lief rein und holte einige Sachen. Er wurde wütend und schlug sie...

Mittlerweile wohnt er in Italien, wohin er wegen geschäftlicher Gründe gezogen ist. Ich habe noch einen Halbbruder, den meine Mutter mit ihrem neuen Freund bekommen hat.

Mein Vater hat noch oft angerufen und meine Mutter durch das Telefon heftig angeschrien. Im großen und ganzen bin ich über ihre Scheidung unheimlich erleichtert. Kaum noch Schreierei. Manchmal wünschte ich, mein Vater hätte alle seine großen Fehler nicht gemacht.

Ich habe gesehen, wie mein Vater meine Mutter verprügelte. An dieses schreckliche Erlebnis denke ich jeden Tag.

Jerry, 24 Jahre *

Martin, 12 Jahre

Meine Eltern sind seit zwei Jahren geschieden. Ich und mein jüngerer Bruder Maximilian leben bei unserer Mutter. Vor einem Jahr habe ich erfahren, daß ich adoptiert bin! Das hat mich sehr getroffen und auch mein Leben irgendwie verändert. Mein Bruder wurde immer sehr bevorzugt von meiner Mutter. »Maxi darf, toll Maxi, ist er nicht süß...« Erst als ich wußte, daß ich adoptiert bin, hat es mich gestört. Mein Vater, glaube ich, hat mich viel lieber, als meine Mutter mich hat. Papi hat versprochen, wenn er eine größere Wohnung gefunden hat, darf ich zu ihm ziehen. Immer, wenn Mami gemein zu mir ist, denke ich an diese Worte. Mami ist immer schon früher gemein gewesen, aber zu Maxi immer so lieb. Damals wußte ich aber nicht, daß nur er leiblich ist.

Mami hat seit einem Jahr einen dämlichen Freund, der nur an sich und an nichts anderes denkt. Manchmal überlege ich mir, wie es wohl gewesen wäre, wenn meine Eltern mir nicht erzählt hätten, daß ich adoptiert bin. Bestimmt ganz anders. Und sowieso wäre es auch anders gewesen, wenn Papi wenigstens da wäre, einer, der zu mir nett ist und mir seine Liebe zeigt.

Einmal bin ich mitten in der Nacht zu meinem besten Freund Oliver ausgerissen. Ich hielt den Streit nicht mehr aus.

> Früher war ich wütend auf meine Mutter. Mit 16 merkte ich, daß alle die Kinder, die mit ihren Familien in schönen Häusern lebten, keine Spur glücklicher waren.
>
> Tom, 18 Jahre*

Sandra, 12 Jahre

Sandra ist eine sehr gute Freundin von mir. Ihre Eltern haben sich vor etwa vier Jahren getrennt und sind vor kurzer Zeit geschieden worden. Immer, wenn Sandra nach ihrem Vater gefragt hat, antwortete die Mutter sehr kurz. Sie war einfach nicht mehr gut auf ihn zu sprechen. Wenn ihre Mutter dann einmal mit ihren Freunden über ihren Mann redete, hat sie auch kaum etwas Positives erzählt. Ich schätze, sie tat sich selbst unheimlich leid und war sowieso davon überzeugt, daß die meisten (eigentlich fast alle) Männer ihre Frauen verlassen. Wahrscheinlich war sie innerlich so wütend, weil sie erfahren hatte, daß er sie wegen einer jüngeren, besser aussehenden Frau verlassen hatte. Sandra wurde sehr schnell von der Meinung ihrer Mutter beeinflußt. Die Abstände zwischen den Treffen mit ihrem Vater wurden immer größer. Bald sah sie ihn ungefähr nur noch einmal jährlich, obwohl er in derselben Stadt wohnte. Immer, wenn ich mit Sandra über ihren Vater reden wollte und irgendwie versuchte, sie davon zu überzeugen, daß er vielleicht gar nicht so doof ist, wurde sie geradezu wütend. Sie wollte, daß alle ihre Meinung, bzw. die ihrer Mutter teilten. Vor ungefähr zwei Monaten hatten wir einen freien Schultag. Sie erzählte mir gleich in der Schule am nächsten Tag, daß sie mit ihrem Vater in der Stadt gewesen sei. Sie sagte: »Weißt du, Franziska, eigentlich ist er gar nicht so übel. Er hat mir alles gekauft, was ich haben wollte.« Und sie zählte die Sachen auf. Ich verstand, was sie mit diesem Satz meinte. Der Vater war nur noch der liebe Goldesel. Er hat viel Geld, da er als sehr erfolgreicher Dozent arbeitet. Ich sagte Sandra, wie gemein ich es von ihr finde, wie sie ihren Vater behandelt. Sie hat mir aber immer wieder, wenn ich dieses Thema angesprochen habe, erzählt, was er denn alles getan hatte. Einmal hatte er wohl aufgehört, die Telefonrechnung zu bezahlen, und sie haben sich gewundert, wieso es nicht mehr funktionierte. Ich verstehe aber gar nicht, wieso die beiden sich so beklagen. Ich finde, sie können froh sein, daß er ihnen die große Villa mit allem Drum und Dran überhaupt überlassen hat. Aber das Wohlergehen von Sandra war ihm sehr wichtig. Einmal war ich mit Sandra und ihrem Vater, dieses war gerade nach ihrer Trennung, in einem Freizeitpark. Dort hat er ihr auch alles gegeben, was er nur konnte, weil sie bei jedem Stand sagte: »Papi, kann ich...?« Eigentlich hätte sie sich nur vor einen Stand stellen müssen und er wäre mit seinem Portemonnaie hinterhergelaufen. Wenn er anrief und mit Sandra reden wollte, sagte die Mutter: »Wenn ich nicht will, daß du Sandra triffst, dann tust du es auch nicht. Alles, was zu Sandra kommen soll, geht nur über mich!« Er fühlte sich wohl für alles, was passiert war, etwas verantwortlich und begann dann mit der Schenkerei. Ich hatte in der meisten Schulzeit gar nicht so viel von ihr erfahren, weil sie eigentlich wohl sehr still ist. Von ihrer Halbschwester Katinka habe ich erst sehr spät erfahren. Ich glaube, es war ihr sehr peinlich, das mit dem Vater. Ich glaube, sie wollte alles mit der Scheidung einfach nicht wahr haben. Ich glaube, die Sache mit der Scheidung hat sie sehr getroffen.

Ihre Freundin Franziska

Manchmal möchte ich zu meinem Vater gehen und ihm die Meinung sagen. Aber dann denke ich immer, daß es sich doch nicht lohnt.

Julio, 22 Jahre *

Silke, 13 Jahre

Silke kenne ich schon seit dem Kindergarten. Wir mochten uns immer sehr gern, verloren uns dann aber durch die Scheidung meiner Eltern aus den Augen. Ich zog mit meiner Mutter in eine andere Stadt, und wenn ich meinen Vater besuchte, machten wir meistens irgend etwas, und ich hatte selten für Silke Zeit. Aber nach einem guten Jahr sehnte ich mich nach meiner alten Freundin Silke und rief sie an. Sie freute sich, was von mir zu hören, und wir verabredeten uns für den nächsten Tag. Wir spielten wie früher unbeschwert auf dem kleinen Bauernhof ihrer Eltern. Sie haben Pferde, Hühner, Katzen, einen Hund und andere Tiere, die die Mutter allein versorgt. Ein wirklich idyllisches Fleckchen Erde. Sie und ihre Geschwister lebten in einer heilen Welt, wie ich immer dachte. Sie waren eine Bilderbuchfamilie, nicht wie meine Eltern, die sich scheiden ließen.

Aber auf einmal wurde Silke ruhig, und die, die gerade am wildesten durchs Heu gelaufen war, saß wie ein Häufchen Elend auf einem Strohballen, den Tränen nahe. Ich fragte sie, was los sei, und nach einigem Hin und Her erzählte sie mir ihren Kummer. Ihr Vater sei so ein Schwein, und ihre Mutter hätte die Scheidung eingereicht. Natürlich hatte ich mich gewundert, als ich hörte, der Vater sei nicht zu Hause, wie sonst jedes Wochenende, sondern irgendwo auf irgendeinem Schiff. Aber ich hätte nie an Scheidung gedacht. Nachdem ich diese – für mich wirklich überraschende – Nachricht geschluckt hatte, fragte ich sofort, wieso und warum. Wir machten es uns im Heu gemütlich, und sie begann zu erzählen. Das mit ihren Eltern ginge schon lange Zeit, aber die Mutter hatte sich nicht gegen den älteren Mann gewehrt, geschweige denn, ihm die Meinung gesagt. Aber Weihnachten brachte er das Faß zum Überlaufen. Er schenkte seiner Frau eine Packung Putzlappen und war darauf noch stolz. Ja, und nun war die Scheidung eingereicht. Manchmal, erzählte sie noch schockiert, habe er zu ihrem kleineren Bruder gesagt, wenn der etwas angestellt hatte, sie würden sich nachher im Gästezimmer sehen, und da wurde er dann verkloppt. Ja, einmal sollte Silke ihren Bruder schlagen. Ich dachte, ich hörte nicht richtig, als sie das sagte.

Das alles ist jetzt bestimmt schon ein Vierteljahr her. Der Vater ist ausgezogen, zwar nicht so freiwillig, aber er ist wenigstens weg. Jedes Wochenende ist die große Frage: Wer besucht ihn? Silkes Bruder hat solche Alpträume und bekommt Angstzustände, wenn er seinen Vater sieht. Das ist sogar so schlimm, daß er zu einem Psychologen geht. Der Vater schreibt Briefe an die Mutter, die zum Beispiel mit »Ach, Hase!« anfangen. Die Mutter liest sie uns dann vor und lacht sich darüber kaputt. Das finde ich auch nicht gut. Die Kinder haben es schon schwer, und jetzt werden sie auch noch aufgehetzt. Einmal waren wir mit ihrer Oma allein zu Hause, und der Vater stand auf einmal im Garten. Sofort schrie Silke zu mir und ihrer kleineren Schwester Katrin: »Schnell ins Haus. Türen zu. Papa kommt!« Zuerst war ich ziemlich perplex, weil Silke fast so tat, als ob da ein Monster stand, ging dann aber doch mit rein. War er für sie wirklich zum Monster geworden? Nein, das darf nicht sein.

Wenn ich mir vorstelle, wie ich meinen Vater liebe, kann ich diesen Haß nicht verstehen.

Als ich vor kurzem da war, waren auch noch die Nebeneingänge mit Stacheldraht verziert und alle Schlösser ausgewechselt. Ich finde wirklich, irgendwo hört es auf. Die Kinder reden auch nur noch schlecht über ihn. Irgendwie tut er mir auch leid. Obwohl er viel falsch gemacht hat. Na ja, ich kann allen Beteiligten nur wünschen, daß alles bald vorbei ist mit der Scheidung.

> Mama trank seit der Scheidung viel. Statt zu spielen, mußte ich zu Hause bleiben und aufpassen, daß sie nichts in der Wohnung kaputtmacht.
>
> Sheila, 15 Jahre *

* Zitate aus: Judith Wallerstein/Sandra Blakeslee, Gewinner und Verlierer © 1989 Droemer Knaur Verlag, München

Ärger gab's von Anfang an...

Kleine Geschichte der Familie

So richtig geklappt hat es mit der Familie von Anfang an nicht. Adam und Eva bekamen Ärger mit dem himmlischen Vater, weil sie heimlich Obst aßen. Er wurde sauer und warf sie zu Hause raus. Die Folgen sind bekannt: Ihr Sohn Kain erschlug seinen Bruder Abel – aus Bruderhaß, Neid und Eifersucht.

In der griechischen Mythologie geht es ähnlich zu – ein einziges Familiendrama voller Betrug, Untreue, Intrigen und Trennung. Das sind Motive, von denen Dramatiker jahrhundertelang gezehrt haben, die Psychoanalyse hat sie benutzt, um Familienkonflikte zu illustrieren, Hollywood und Zeitschriften leben von den blutreichen Geschichten. In unserer modernen »Mythologie«, bei MICKY MAUS, klappt das Familienleben auch nicht, die drei Kinder Tick, Trick und Track leben ohne Mutter bei ihrem Onkel Donald.

Auch andere Kulturen erzählen in ihren großen Sagen von Familienstreitigkeiten.

Paare in Prozenten

Die »Ehe ohne Trauschein« ist kein Privileg sehr junger Menschen: etwa 40 Prozent der Unverheirateten sind älter als 30 Jahre. Bei rund einem Viertel dieser Paare hat ein Partner ein Kind mit in die »wilde Ehe« gebracht; drei Prozent haben ein gemeinsames Kind. Und 33 Prozent wünschen sich, daß irgendwann einmal geheiratet wird.

Ehelos

Die Ehen ohne Trauschein nehmen rapide zu. Sozialexperten haben errechnet, daß von den Frauen des Jahrgangs 1960 ein Drittel ledig sein werden, wenn sie 50 Jahre alt sind. In anderen europäischen Ländern sieht es ähnlich aus: In Dänemark wird sogar mit 50 Prozent lediger Frauen gerechnet.

(Quelle: Spielen & Lernen, Mai und September 1987)

Die Dreifaltigkeit Vater-Mutter-Kind ist zwar eine biologische Notwendigkeit, aber keine Garantie für ein dauerhaftes Glücklichsein.

Während eines Zeitraumes, der mehr als 90 Prozent ihrer Geschichte ausmacht, haben sich die Menschen zu mehr oder minder lockeren Verbindungen in kleinen Horden von Jägern und Sammlern zusammengeschlossen. Die Familien, deren Männer bis zur Eiszeit durch Wälder und Savannen stampften, hatten gar keine andere Wahl, als die Kinder von der Mutter aufziehen zu lassen, während der Vater sie beschützte und für Nahrung sorgte. Wissenschaftler führen das darauf zurück, daß es bei uns keine Paarungszeit gibt, Kinder also jederzeit gezeugt und geboren werden können und ernährt werden müssen. Dies soll angeblich die Bereitschaft einer dauerhafteren Bindung begünstigen. Wer aber die Geschichte der Menschheit betrachtet, dem müssen diesbezüglich Zweifel kommen.

»Die Vaterschaft beruht überhaupt nur auf der Überzeugung; ich bin überzeugt, und also bin ich Vater.«

Goethe in »Wilhelm Meister«

Was eine »richtige« Familie war und ist, darüber streiten sich die Wissenschaftler. Die Definitionen beginnen bei der Kernfamilie für »Vater-Mutter-Kind(er)«, umfassen in der Großfamilie auch die dritte und vierte Generation (Groß- und Ur-Großeltern) und enden bei der Sippe oder dem Clan, wenn noch andere Angehörige (Tanten, Onkel, Brüder, Neffen etc.) dazugehören. In manchen Modellen zählen alle Menschen, die von bestimmten Ahnen abstammen, zur Familie.

Die Hopi-Indianer benutzen eine Menge Verben, bei denen es keinen Unterschied zwischen der Vergangenheits-, Gegenwarts- und Zukunftsform gibt; für sie ist vieles gleichzeitig früher, jetzt und morgen. Das gilt vor allem für Familienbeziehungen.

Der typische Haushalt auf den Mentawaii-Inseln im Indischen Ozean besteht aus einem Großelternpaar, ihren Söhnen und Töchtern und den Kindern der Töchter. Jedes Kind, dessen Eltern bei seiner Geburt unverheiratet sind, wird vom Großvater mütterlicherseits adoptiert und von den Brüdern und Onkeln seiner Mutter unterhalten. Der Vater des Kindes lebt an einem anderen Ort; erst in mittleren Jahren heiratet er die Mutter und adoptiert seine Kinder.

In den ländlichen Gegenden Irlands bilden Vater und Mutter zusammen mit ihrem verheirateten Sohn (in der Regel dem ältesten) und dessen Frau und Kindern einen Haushalt.

Zu einer normalen Hindu-Familie gehören mehrere Großeltern- und Elternpaare, Geschwister und Vettern mit ihren Kindern im Haus oder auf dem Besitz ihres Großvaters. Boden, Nahrungsmittel und Hausgeräte gehören allen gemeinsam.

Wo viele Verwandte auf kooperativer Basis zusammenleben, findet sich immer ein Babysitter, Zimmermann oder jemand, der bei der Ernte hilft – Dienstleistungen, für die eine Kleinfamilie heute viel Geld auf den Tisch legen muß.

In den traditionellen chinesischen Familien waren achtzig Angehörige keine Seltenheit: Ein alter Mann mit seiner Frau und Konkubinen, die noch ledigen Söhne und Töchter, ihre verheirateten Söhne mit deren Frauen und Kindern. Die Beziehungen werden durch einen komplizierten Verhaltenskodex geregelt, der den Kindern von klein auf eingebleut wird.

Die Wulambas in Nordaustralien lebten – zumindest vor Ankunft der Weißen – in einer Welt, in der sie mit jedem Menschen, der ihnen begegnete, verwandt waren. Ronald Berndt von der University of Western Australia beschreibt die verwandtschaftlichen Beziehungen eines Wulambas so: »Eine Landkarte, auf der alle Menschen, die er kennt, gleichfalls ihre Plätze haben und auf der seine Verpflichtungen ihnen gegenüber sowie das, was er von ihnen erwarten kann, ziemlich genau verzeichnet sind.«

Die Baganda in Zentralafrika kennen 68 verschiedene Bezeichnungen für ihre Verwandtschaftsbeziehungen, die Deutschen kommen mit siebzehn aus: Ehemann, Ehefrau, Vater, Mutter, Oma, Opa, Bruder, Schwester, Sohn, Tochter, Tante, Onkel, Nichte, Neffe, Vetter, Base, Enkel.

Die amerikanische Idealfamilie der 20er Jahre wurde in Schlagern so besungen: »Nur du und ich und unser Baby...«

> »Die Hindernisse und Schwierigkeiten, die er (der Mann) beim Großziehen seines Kindes oder seiner Kinder hat, kommen von seiner Berufstätigkeit, von seinem Lebensstil, von seiner Einstellung, von seinen menschlichen Unzulänglichkeiten – nicht von seinem Geschlecht.«
> Gabriel Laub
>
> (Quelle: Der Spiegel 10. 3. 1980)

Aber nicht nur über die Größe einer Familie herrscht auf der Welt Uneinigkeit. Auch die Frage, wer mit wem sexuelle Beziehungen haben und eine Ehe eingehen darf, wird unterschiedlich beantwortet. Das Tabu, daß niemand mit seinen Kindern Sex haben darf, ist allerdings in allen menschlichen Kulturen ehernes Gesetz.

Es gibt Familien mit einem Mann und einer Frau, Familien mit einem Mann und mehreren Frauen und Familien, in denen eine Frau mit mehreren Männern und ihren Kindern zusammenlebt. Je mobiler ein Volk ist, etwa wegen ständiger Nahrungssuche oder kriegerischer Auseinandersetzungen, desto lockerer sind auch seine sexuellen Beziehungen.

Die Angehörigen des Stammes Tasaday, der erst 1971 im dschungelbedeckten Bergland der Philippinen-Insel Mindanao entdeckt wurde, leben in Höhlen, haben keine Haustiere und bestellen keine Felder. Sie machen Feuer, indem sie Holz gegen Holz reiben, und ihre Werkzeuge sind aus Stein oder Bambus. Ihre Familien bestehen durchweg aus dem Ehemann, der Ehefrau und den unverheirateten Kindern. Waisen und Witwen schließen sich ihnen an. Vater und Mutter kümmern sich gleichermaßen um die Kinder, wie auch ums Holzsammeln und die Nahrungszubereitung. Alle Entscheidungen jedoch, auch die der Partnerwahl, werden gemeinschaftlich vom Stamm getroffen.

Sobald ein Mädchen bei den Naïr an der südindischen Malabarküste die Pubertät erreicht hatte, wählte ein Astrologe den richtigen Mann für sie aus, möglichst mit einem höheren gesellschaftlichen Rang. Ob der so ausgesuchte Bräutigam von seinen »ehelichen Rechten und Pflichten« Gebrauch machte oder nicht, spielte keine Rolle; man erwartete gar nicht, daß er die Verbindung einhielt. Die Mädchen hatten nacheinander zahlreiche lockere Beziehungen zu gleich- oder höhergestellten Männern, gelegentlich sogar Liebhaber nur für eine Nacht; die legten dann ihren Köcher vor die Tür, damit kein anderer zu Besuch kam. Weder Ehemänner noch Liebhaber gingen dabei irgendeine Verpflichtung ein, sie mußten der Frau nur ein angemessenes Geschenk, in Form von Stoff machen, wenn aus der Beziehung ein Kind entstand und sie die Vaterschaft anerkannten.

Verlassen! Da gab's Probleme mit den Kindern

»Als meine Frau mich vor sechs Jahren verließ – das belastete die Kinder anfangs schwer«, sagt Herbert Schickinger (37), Bäckermeister aus Egling. Erika (heute 16) ließ in der Schule nach. Christian (13) wurde aggressiv.

»Gott sei Dank hatten wir eine Haushälterin, die vormittags die Kinder versorgte. Nachmittags hatte ich dann Zeit, half bei den Schularbeiten, spielte viel mit ihnen. Abends ausgehen? Das ging höchstens mal, wenn Nachbarn auf die beiden aufpaßten.« Happy-End vor einem halben Jahr: Da heiratete Herbert Schickinger seine neue Liebe Maria (28), bekam dazu noch Stieftochter Bianca (8). »Jetzt sind wir zu fünft glücklich, und die Kinder verstehen sich prima«, sagt Herbert Schickinger.

(Quelle: Bild der Frau 13. 7. 1987)

Es gibt viele Geschichten aus unterschiedlichen Kulturen über ihren Umgang mit der Liebe, der Partnerwahl und der Familie. Die wichtigste Funktion der Ehe besteht offenbar überall darin, »legitime« Kinder zu zeugen, ihnen einen Namen und einen festen Platz in der Gesellschaft zu sichern. Während sich die Frau, die das Kind geboren hat, ihrer Bindung kaum entziehen kann, denn Schwangerschaft und Entbindung lassen sich nur schwer verheimlichen, wird zum Beispiel durch eine Eheschließung die Vaterschaft öffentlich anerkannt.

Bei den Nuër, einem matriarchalischen Stamm in Ostafrika, vererben die Mütter ihren Besitz den Töchtern. Erlaubt sind hier sogar Ehen zwischen Frauen, wenn kein »Vater« zu Verfügung steht. Sobald eine reiche Frau feststellt, daß sie unfruchtbar ist und kein Kind bekommen kann, das ihre Familie fortsetzt, kann sie eine jüngere Frau heiraten, die dann mit einem Mann ihrer Wahl ein Kind bekommt. Die ältere Frau gilt dann als Pate des Kindes, es trägt ihren Namen und erbt ihren Besitz.

In jeder monogamen Gesellschaft gab es immer auch polygame Beziehungen und umgekehrt. Drei Viertel der Weltbevölkerung lebt in polygamen Kulturen, trotzdem sind auch hier monogame Beziehungen die Regel, denn meist können sich nur Reiche und Mächtige mehrere Haushalte leisten. Außerdem gibt es nun mal auf der Erde etwa gleich viele Frauen und Männer. Salomon, mit seinen 1000 Frauen, machte 999 Männer zu Junggesellen.

Eltern, der Stamm, der Clan, die Sippe, das Kollektiv oder die Gesellschaft haben schon immer ein besonderes Interesse an der Ehepartnerwahl ihrer Kinder gehabt – schließlich stehen der gute Name der Familie und ihr Besitz auf dem Spiel. Heirat war immer auch ein Mittel des sozialen Aufstiegs, zum Beispiel wenn es einem Hindu-Mädchen aus einer niederen Kaste gelingt, den jüngeren Sohn aus einer Brahmanen-Klasse zu heiraten – oder Miss Vanderbilt den Herzog von Marlborough.

Um eine in jeder Hinsicht befriedigende Wahl zu treffen, bedienen sich Eltern in vielen Gesellschaften professioneller

Ehevermittler, wie der *nakohdos* in Japan, die noch 1960 etwa die Hälfte aller Ehen arrangierten. In der Grafschaft Clare im ländlichen Irland ist die Kunst der Heiratsvermittlung ein hochkompliziertes Ritual, das an einen alten Volkstanz erinnert, und in der jüdischen Kultur werden unzählige wundervolle Witze überliefert, in denen ein Heiratsvermittler versucht, eine Kandidatin mit »kleinen Fehlern« an den Mann zu bringen, etwa dem, daß sie »ein kleines bißchen schwanger ist«.

Andere Kulturen bevorzugen die Heirat aus Liebe. Das ist allerdings nie unproblematisch. »Ihr stellt einen heißen Topf auf eine heiße Herdplatte und wundert euch, wenn er explodiert oder das Wasser schnell verdampft. Wir stellen einen kalten Topf auf eine kalte Plattte und zünden dann erst das Feuer an«, kommentierte eine Inderin unterschiedliche Heiratsbräuche.

Einsam – aber glücklich, wenn der kleine Sohn strahlt

»Früher«, erinnert sich Friedrich Algner (42), »bin ich sehr gern mit Kollegen zum Tanzen gegangen.« Heute: »Ich lerne kaum jemanden kennen. Tagsüber habe ich den Kleinen immer bei mir, abends muß ich bei ihm bleiben.« Der »Kleine« – Sohn Steve (6), für den er nach der Scheidung das Sorgerecht bekam. 1985 kamen Vater und Sohn aus der DDR nach Kempten (Allgäu). Friedrich Algner: »Der Junge ist das einzige, was ich noch habe. Ich freue mich jeden Tag über ihn. Am liebsten gehe ich für ihn einkaufen, packe ihn in tolle Kleidung. Wenn er strahlt – das ist mehr wert als alles andere. [...] Der Junge hat mein Leben um 180 Grad gedreht.«

(Quelle: Bild der Frau 13. 7. 1987)

Man nennt es »Verlassen«, »Trennung«, »Auflösung« oder »Scheidung« – der mehr oder minder freiwillige Bruch einer

Ehe oder Familie ist so alt wie die Institutionen selbst: Prominente Bürger des alten Roms, wie Cato, Sulla, Pompeius, Caesar und Plinius der Jüngere waren drei- bis fünfmal geschieden und wieder verheiratet.

Als die durchschnittliche Lebenserwartung der Menschen bei 30 Jahren lag, was in Europa bis etwa 1800 der Fall war, gab es nicht so viel Zeit für eine Trennung wie heute. Gegen Ende des letzten Jahrhunderts wurde ein Drittel der Ehen spätestens nach 20 Jahren durch den Tod eines Partners getrennt.

In Amerika wurde bereits Ende der 60er Jahre eine von drei Ehen geschieden, in 15 anderen Industriestaaten, die Scheidungsstatistiken führen, lag die Rate noch höher. Soziologen wurden schon damals nicht müde, darauf zu verweisen, daß in der Mehrzahl der primitiven Gesellschaften noch mehr Ehen geschieden würden. Bei den lebenslustigen Alorese in Indonesien ist jeder zweite Mann und jede dritte Frau geschieden. Bei den Eskimos gibt es Frauen, die sich bedenkenlos mehrmals pro Jahr scheiden lassen und wieder heiraten.

Den Aimara in Bolivien und Peru, den Rentier-Tschuktschen in Sibirien oder den Pukapuka in Polynesien ist es völlig egal, ob Mann und Frau zusammenleben. Bei ihnen steht einer Scheidung nichts im Wege. Wenn es in der Ehe Schwierigkeiten gibt, können sie sich mit einem einfachen »Lebewohl« trennen. Aber das sind Ausnahmen. Die meisten Gesellschaften bestehen auf gewissen Formalitäten, bevor sie eine Ehe als geschieden betrachten, auch wenn es nur um das dreimalige Wiederholen von einer Formel geht: »Ich lasse mich von dir scheiden«, wie in einigen islamischen Ländern. Andere Kulturen üben sozialen oder wirtschaftlichen Druck aus, um eine Scheidung zu erschweren oder zu verhindern. In vielen Ländern muß die Frau, wenn sie das gemeinsame Haus endgültig verläßt, das Brautgeld zurückgeben.

Bei den Wogeo in Melanesien bleiben nach einer Scheidung die Kinder beim Ehemann, das hält viele Frauen von einer Trennung ab.

Die Navajo-Indianer geben sich eine Menge Mühe, um streitende Paare zu versöhnen. Sie sehen im Zerbrechen einer Ehe, wie Dorothea Leighton und Clyde Kluckhohn berichten, »nicht nur eine Gefahr für den ursprünglichen Einsatz, sondern auch für das künftige gute Verhältnis und die Zusammenarbeit zwischen den Familien... Die Alten und alle beteiligten Brüder und Schwestern tun ihr Bestes, um das zerstrittene Paar wieder auszusöhnen. Und jede Seite ermahnt die Ehepartner, sich zu bessern.«

In den Romanen der viktorianischen Zeit und in den frühen Hollywood-Filmen wurden Frauen, die sich scheiden lassen hatten, mit Prostituierten auf eine Stufe gestellt.

Das verflixte fünfte Jahr

Das »verflixte siebte Jahr«, in dem es in der Ehe am häufigsten kriseln soll, gibt es nicht. Denn laut Statistik ist das Scheidungsrisiko nach vier bis fünf Jahren am größten. Danach, so das Statistische Bundesamt, nimmt die Gefahr ständig ab, daß die Ehe in die Brüche geht. Nach zwölf Jahren werden nur noch halb so viele Ehen geschieden, wie nach fünf Jahren.

(Quelle: Spielen & Lernen Juli 1987)

Bis 1974 war in Italien eine Scheidung ganz unmöglich, heute braucht einer der Partner nur entweder unheilbar geisteskrank, sexuell pervers veranlagt oder kriminell zu sein, den anderen böswillig zu verlassen oder die Ehe »nicht zu vollziehen«, um sich scheiden lassen zu können.

In den meisten westlichen Ländern war es bis zur Mitte dieses Jahrhunderts schwer, sich scheiden zu lassen, und wenn, dann wurde nur Ehebruch als Scheidungsgrund anerkannt. Lange Zeit wurde dabei immer nach dem »Schuldigen« für das Scheitern der Ehe gesucht. Eine Scheidung war zudem sehr teuer und immer auch ein moralischer Makel. Noch vor dem Zweiten Weltkrieg war es undenkbar, daß ein geschiedener Mann überhaupt für die Präsidentschaft in den Vereinigten Staaten von Amerika kandidiert hätte.

Bei einem Vergleich der Scheidungsmodalitäten auf der ganzen Welt stellte sich heraus, daß außer in Europa und Amerika nur bei den Eskimos am Copper River in Alaska und den Iban auf Borneo die Ehefrau bei einer Scheidung Geldzuwendungen (als Entschädigung oder Belohnung) erhält. In der übrigen Welt ist dies völlig unbekannt.

Neue Freundin – die Tochter wurde eifersüchtig

»Judith und ich sind seit zehn Jahren ein prima Team«, findet Wolfram Luetjens (43), Chef der Hamburger Musikkneipe »Lütthuus«. »Sie hat nie unter meiner kaputten Beziehung gelitten, weil sie zu mir in die Wohngemeinschaft kam, wo sich alle um sie kümmerten.« Probleme gab's nur, als der Vater eine neue Freundin fand: »Da wurde Judith richtig eifersüchtig, und die Beziehung ging in die Brüche. Aber man kann ja nicht total enthaltsam leben: Ich habe dann Bekanntschaften gehabt, von denen sie nichts mitbekam.« Judith ist heute 19 Jahre alt, hat einen festen Freund. »Jetzt meint sie, daß wir noch eine Frau im Haus gebrauchen könnten.«

(Quelle: Bild der Frau 3. 7. 1987)

Es gibt auf der Erde etwa zwei- bis dreitausend Völker, die sich in ihrer Lebensweise voneinander unterscheiden und eine eigene Kultur entwickelt haben. In jeder dieser Kulturen sind Normen und Werte, Zeremonien und Rituale der Familien anders. Die »Vater-Mutter-Kind«-Familie der modernen westlichen Welt ist nur eine von vielen Möglichkeiten, den Fortbestand der Gattung Mensch sicherzustellen.

Bis ins vorige Jahrhundert herrschte in der westlichen Welt eine pragmatische Einstellung zur Kindheit, beziehungsweise die Kindheit war, so wie wir sie kennen, noch nicht erfunden. Den meisten Familien war sehr daran gelegen, daß die Kinder möglichst früh arbeiteten, Geld verdienten und den Eltern nicht mehr »auf der Tasche lagen«. Spätestens mit sieben Jahren wurden Kinder im Mittelalter in die Welt der Erwachsenen geschubst, sei es nun auf das Feld, in die Lehre oder in eine andere Adelsfamilie. Von Mädchen der Oberschicht wurde erwartet, daß sie bereits im Alter von zehn Jahren einen Stab von Dienstboten kommandieren konnten. Erst in der Renaissance wurden in Europa die Kinder nicht mehr zu Hause erzogen. Mit Einführung der Schulen und der Verlängerung der Ausbildungszeit verlängerte sich auch die wirtschaftliche Abhängigkeit der Kinder von ihren Eltern.

Die Vorstellung, daß ein Kind – auf Grund seiner langen Ausbildungszeit – noch mit 25 Jahren von seinen Eltern finanziell abhängig ist, war den Menschen früher vollkommen fremd. Vielleicht liegt in dieser zunehmend langen Abhängigkeit ein Grund für das Zerbrechen westlicher Kleinfamilien – vielleicht hält sie sie aber auch zusammen.

Ein Nachteil der Kleinfamilie ist vermutlich, daß sie letztlich nur wenig Geborgenheit bieten kann. Wir, die wir in solchen Kleinfamilien aufgewachsen sind, fürchten ständig, Mitmenschen könnten unsere Wünsche verurteilen oder zurückweisen. Wenn wir uns von einem Menschen angezogen fühlen, wissen wir nie so recht, ob wir nicht vor der Aufnahme in das vermutete Paradies doch noch als Sünder enttarnt in die Hölle der Einsamkeit zurückgewiesen werden. Wir haben wenig Vertrauen zu uns selbst, zur Natur und zu den anderen. In verschiedenen afrikanischen und indianischen Kulturen scheint es anders zu sein.

Die Angehörigen der Dogon zum Beispiel, einem Stamm in Westafrika, leben in einem unerschütterlichen Optimismus. Drei Jahre lang lassen sie ihre Kinder ohne Trennung bei den Müttern, dann werden sie an eine Gruppe übergeben, die sich aus vielen verschiedenen Altersstufen zusammensetzt. Diese Gruppe erzieht dann das Kind weiter. Der Psychoanalytiker Fritz Morgenthaler, der die Dogon erforscht hat, war so begeistert von diesem Modell, daß er, so erzählt Paul Parin, seine eigenen Kinder hier aufwachsen lassen wollte. Seine Meinung war: »Man kann nicht früh genug anfangen, ein Dogon zu sein.« Aber es ist ihm nicht gelungen, das Lebensmodell zu wechseln und ein anderes anzunehmen. Wichtig ist aber immerhin die Bereitschaft, den Gültigkeitsanspruch unserer Lebensweise zumindest einmal in Frage zu stellen und über den Tellerrand hinauszugucken. Jeder neue Versuch ist ein Triumph der Hoffnung über die Erfahrung.

Als paradox beschrieb der Schriftsteller Peter Handke (in einem SPIEGEL-Interview, 28/1978) seine Erfahrungen im Alleinleben mit seinem Kind, der inzwischen elfjährigen Tochter Amina.

Vom Kind als »Hemmnis« war da die Rede und sogar von »seelischer Dunkelhaft«, dann wieder von »Glanz« und von der verbreiteten Meinung, »es sei schön, wenn ein Mann mit einem Kind allein lebt, es sei sogar besser«.

Handkes Fazit: »Ich glaube nicht daran; ich bilde mir nichts mehr darauf ein. Sondern für mich ist es viel selbstverständlicher, wenn ein Kind mit Vater und Mutter ist – fast in einem biblischen Sinn.«

(Quelle: Der Spiegel 10. 3. 1980)

Kleine Schule für Scheidungseltern

> »Früher«, sinniert ein Frankfurter Scheidungsanwalt, »stimmte wenigstens die Reihenfolge noch: verliebt, verlobt, verheiratet. Heute ist doch alles total durcheinander: Die Leute gehen miteinander ins Bett, dann kriegen sie Kinder, dann heiraten sie, dann lassen sie sich scheiden – und dabei lernen sie sich dann kennen.«
>
> (Quelle: Stern 7. 12. 1989)

1. Lektion: Eltern sind auch nur Menschen

Eltern träumen davon, ihre Kinder vor jedem Unglück der Welt bewahren zu können. Außerdem gelten Kinder sozusagen als unsere zweite Chance im Leben. Sie könnten reicher, schöner und erfolgreicher werden als wir selbst. Von diesen zwei großen Grundirrtümern umzingelt, wachsen die meisten Kinder doch noch erstaunlich heiter und gelassen auf. Wir können sie nämlich nicht davor bewahren, daß sie in der Schule wegen ihrer kurzen Beine gehänselt werden, wir können ihnen keine Freunde besorgen und keine Glasglocke, unter der sie vor schädlichen Umwelteinflüssen geschützt sind. Wir können nicht verhindern, daß wir, ihre Eltern, es nicht mehr miteinander aushalten. Unsere Liebe reicht nicht einmal aus, um sie vor Selbstzweifeln, Wut, Kummer und Enttäuschung zu bewahren. Weil wir nämlich als Eltern ganz zufällig keine Götter und nicht allmächtig sind. Aber es gibt eine ganze Reihe Eltern, die das alles von sich verlangen. Besonders Mütter neigen zu solchen Größenwahnsinnsphantasien, daß sie allein für das Wohlergehen ihres Kindes verantwortlich seien.

Aber nicht einmal alles, was im Einflußbereich der Mütter und Väter liegt, ist für die Entwicklung eines Kindes entscheidend. Es gibt Kinder, die aus grausamen Familienverhältnissen gesund und intakt herausfinden, und es gibt Kinder, die unerträgliche Erwachsene werden, obwohl sie wunderbare, liebevolle Eltern hatten. Es ist nicht leicht, aber wir müssen akzeptieren, daß Kinder Einzelwesen sind, die vom Tag der Geburt an mit jedem Tag ein bißchen unabhängiger von uns werden. Natürlich können wir uns auf sie stürzen und versuchen, ihre Gefühle mitzuerleben, bis die Kinder vor lauter Verwirrung nicht mehr zwischen ihren eigenen Gefühlen und den Gefühlen, die ihre Eltern ihnen unterstellen, unterscheiden können. Aber unbestreitbar besser wäre es schon, wenn wir sie auch sie selbst sein ließen.

Kinder sind in einer anderen emotionalen Lage als Erwachsene. Das ist vielleicht besonders kraß zu spüren, wenn die Eltern sich scheiden lassen.

Eltern unterstellen den Kindern allzu leicht stillschweigend, daß sie ihre eigenen Meinungen teilen oder zumindest nachvollziehen können. Für das Kind ist die Mutter aber keine »Schlampe« und der Vater kein »Schwein«. Auch dann nicht, wenn die Bezeichnungen feiner formuliert werden und der Vater zu seiner Tochter sagt, daß er aber sehr, sehr traurig darüber sei, daß die Mutter den anderen Mann netter finde als ihn. So ziehen Eltern nicht selten ein Kind erbarmungslos auf eine Seite. Den Konflikt, der einem Seitensprung zugrunde gelegen haben mag, versteht das Kind sowieso nicht. Kaum eine Frau wird ihren Mann betrügen, wenn sie in ihrer Ehe mit ihm glücklich ist und geachtet wird. Warum also wird ihre Untreue dem Kind regelrecht »gepetzt«? Doch wohl nur, weil der Vater etwas damit erreichen will. Er will als gütiger, unanfechtbarer Vater weiter existieren, die Schuld hat der andere Teil. Otto R. Gaier nennt das »die Gefühlslage des Kindes buchstäblich mit der eigenen synchronisieren; ein wahnwitziges Unterfangen, das am Kind nicht schadlos vorbeigehen kann...«

Trennung mit der Säge

»Gütertrennung« auf seine Art hat ein Bauarbeiter aus Rodalben, einer Kleinstadt im Landkreis Pirmasens in der Pfalz, praktiziert. Er nahm eine Motorsäge und teilte den Hausrat fein säuberlich in jeweils zwei Teile. In der Wohnung, zu der er laut Gerichtsbeschluß keinen Zugang mehr hatte, war er nach Darstellung eines Polizeisprechers am Mittwochnachmittag eingebrochen. Kaum ein Gegenstand sei von der Säge verschont geblieben. Der 37jährige zerteilte sowohl den Anbauschrank im Wohnzimmer wie auch das Ehebett und den Kühlschrank. Selbst die Puppen seiner kleinen Tochter kamen unter die Säge. Nach vier bisher vergeblichen Anläufen zur Scheidung ist die Ehefrau nun zur Trennung von dem Bauarbeiter bereit. Er hatte die Tat zuvor angekündigt, »aber wer glaubt schon, daß jemand so etwas wirklich macht«, sagte die Ehefrau, die den Schaden auf »annähernd 10000 Mark« beziffert.

(Quelle: Frankfurter Rundschau 14. 9. 1984)

Aggressiv ineinander verhakte Eltern verlieren ihre Kinder aus den Augen. Besser wäre es, wenn sie wenigstens in all dem Gefühlsdurcheinander noch die Kraft aufbrächten, dem Kind andere Gesprächspartner als sich selbst zu besorgen. Das Kind sollte aus den Kämpfen herausgehalten werden. Es braucht einen neutralen Menschen, der ihm erklären kann, daß an einer Trennung immer beide Partner beteiligt sind. Für Kinder ist es natürlich auch wichtig, daß all dieser Kummer ein Ende haben wird. Einer muß für sie oben im Ausguck sitzen und »Land in Sicht!« rufen.

Kinder und Jugendliche müssen sich nach der Scheidung ihrer Eltern so rasch wie möglich wieder ihrem eigenen Leben zuwenden können und die elterlichen Probleme aus dem Zentrum ihrer Gedanken verbannen. Eltern sollten sie dazu anhalten, Kinder zu bleiben.

Danach kann sich die Lage durchaus noch ein paarmal verschärfen, und es kann wieder erhebliche Rückschläge geben. Zum Beispiel, wenn Post von den Anwälten kommt. Dann schaukelt sich der Haß auf den Partner noch einmal hoch. Oder nach Jahren, wenn neue Verbindungen eingegangen werden. Aber ein Kind, das einmal erlebt hat, wie sich alles wieder beruhigt und ordnet, wird auch bei einer neuen Krise daran glauben, daß alles wieder besser wird.

Das Hundsgemeine an Scheidungen ist, daß sie sich oft noch versteckt über Jahre hinziehen. Scheidung ist kein einmaliger Akt, sondern ein Prozeß. Eine Faustregel sagt, daß man die Hälfte der Zeit, die die Ehe gehalten hat, noch einmal braucht, um mit dem Scheitern fertig zu werden. Natürlich nicht andauernd und nicht jeden Tag, aber in bestimmten Schüben. Die Erschütterungen haben eine Eigengesetzlichkeit, sie verlaufen nicht nach einem Plan, sondern völlig unberechenbar. Eine einzige Bemerkung oder ein neuer Schachzug des ehemaligen Ehepartners oder der Partnerin können einen Menschen geradezu für Tage »aus den Puschen hauen« und in Verzweiflung stürzen. Aber auch Jahre später, wenn neue Beziehungen geknüpft werden, gibt es fast immer »Rückfälle« in die finsterste Scheidungsphase.

Ein Elternteil ist vielleicht selig, einen neuen Traumpartner gefunden zu haben, und überträgt die eigenen Hoffnungen auch auf das Kind, meint also, das Kind müsse jetzt aber auch so fühlen. Nur sind die Gefühle des Kindes eben nicht die der Erwachsenen. Eltern sollten nicht der Versuchung erliegen, von den Kindern zu erwarten, daß auch sie eine neue Beziehung als Triumph über das Scheitern der ersten empfinden. Eine Ehefrau kann sich von ihrem Ehemann trennen, nicht aber ein Kind von seinem Vater. So banal es klingt, das muß immer wieder eingetrichtert werden: Das Kind ist ein anderer Mensch als ich, es ist kein Teil von mir und nicht mit mir identisch.

Die Statistik weist langweilige Abende als häufigsten Scheidungsgrund aus.

(Gemeinschaftsanzeige der Spielcasinos Aachen, Bad Oeynhausen und Hohensyburg im August 1992)

2. Lektion: Streiten muß man lernen

Gemäß einer Langzeitstudie sprechen Eheleute nach sechs Ehejahren noch neun Minuten pro Tag miteinander. Das bedeutet, daß sie, wenn die Ehe geschieden wird, vielleicht schon lange keine Form mehr haben, sich auseinanderzusetzen und keine Streitkultur entwickelt haben. Aber dieses Defizit darf nicht dazu führen, daß ein Kind als Bündnispartner, Tröster, Anwalt oder Vertrauter benutzt und bei harten Auseinandersetzungen als unfreiwilliger Zeuge, Richter oder Schlichter mißbraucht wird. Die kindlichen Zuschauer sollen nicht selten durch ihre bloße Anwesenheit die Eltern von schlimmen Gewalttaten abhalten. Andere Zeugen gibt es häufig nicht, denn eine Scheidung ist eine Familienkrise, bei der kaum Beistand von außen zu erwarten ist. Freunde ziehen sich eher zurück, weil sie fürchten, mit in den Streit hineingezogen zu werden und Partei ergreifen zu müssen. Eine Ehescheidung hat außerdem wohl etwas von einer ansteckenden Krankheit. Sie wird im Freundeskreis oft auch als Bedrohung der eigenen Ehe empfunden.

Für die Kinder ist klar: Mama und Papa sind verrückt geworden.

»Einsamkeit ist eine Krankheit der Jungen geworden«, hat Dr. Reinhold Schwab vom Psychologischen Institut der Universität Hamburg festgestellt. »Jugendliche leiden mehr darunter als ältere Menschen.«

(Quelle: Fernsehwoche 39/1987)

Die Eltern müssen jetzt so viel Selbstbeherrschung und Geistesgegenwart aufbringen, wie sie bei jeder anderen Katastrophe wie Überschwemmung oder Feuer auch hätten. Sie müssen die Kinder aus der Gefahrenzone retten und ihnen klarmachen, das sich ihr Verhalten wieder ändern wird, daß dieser Zustand vorübergehend ist.

Aber das alles sagt sich so leicht. Es gibt eine Menge Menschen, die intelligent und gebildet genug sind, diese Dinge theoretisch zu wissen, und die doch all ihre Anstrengung auf die Zerstörung dessen richten, was sie einmal sorgsam aufgebaut haben. Das Kind ist im besten Kindergarten der Stadt gewesen, beim anerkanntesten Kieferchirurgen hat es seine Zahnspange bekommen und die Babykost wohlmöglich aus dem Reformhaus. Aber in der Wut gegen den Ehepartner gibt es kein Halten mehr für das Bedürfnis nach Rache, und das Kind wird dabei zur schäbigsten Trumpfkarte.

Einmal trafen wir in einem Restaurant eine Frau mit ihrer zwölfjährigen Tochter. Die Mutter zählte, während das Kind daneben immer mehr in sich zusammensackte, die Sünden des Vaters auf und daß sie beide (!) sehr enttäuscht von ihm seien. Die Mutter des Kindes ist übrigens Lehrerin. Die Taktlosigkeit, die sie sich ihrem Kind gegenüber erlaubt, würde man keinem Erwachsenen gestatten. Aber sie fühlte sich vollkommen im Recht. Was sie während ihres Pädagogikstudiums gelernt hatte, galt für alle anderen Menschen, nicht aber in diesem Fall, wo der Vater wirklich so gemein war. Wir fragen uns, ob es in unserer Kultur den Menschen überhaupt möglich ist, eine massive Kränkung zu verarbeiten, ohne sich dafür rächen zu wollen. Rache kennt kein Halten, sie scheut auch nicht davor zurück, der eigenen Person zu schaden.

Aber selbst diese brutale Phase wird vorübergehen, auch solche Wut wird sich beruhigen. Wir glauben nicht, daß solche Szenen keine Wunden hinterlassen, das tun sie sicher. Die Narbe wird aber eines Tages mit zur Lebensgeschichte dieses Mädchens gehören und eine seiner Besonderheiten ausmachen, seine Reaktionen auf andere bestimmen.

Jogging statt Scheidung

Solange Joggen eine vor allem männliche Beschäftigung war, meinten Sportanalytiker, es erhöhe die Scheidungsraten und schaffe sexuell frustrierte Ehefrauen. Seit in den USA nahezu 40 Prozent aller Jogger weiblichen Geschlechts sind, loben US-Psychologen die partnerschaftliche Anstrengung: Gemeinsames Joggen halte Körper und Verhältnis intakt. Der New Yorker Therapeut Ira Glick verordnet Paaren, die sich anöden, sogar Jogging-Kuren. Der Dramatiker Israel Horovitz löst Probleme mit seiner Frau Gillian am liebsten »auf der Straße«. So wie andere für ein paar gemeinsame Stunden ins Restaurant oder ins Kino gehen, führt Horovitz seine Frau »zum Laufen aus«. Den Grund für das neue Zusammenhörigkeitsgefühl liefert der Jogging-Experte Marc Bloom: »Nur Läufer haben Verständnis für den Schweißgeruch eines Läufers in der Bettwäsche.« (Quelle: Der Spiegel 14. 3. 1988)

3. Lektion: Kinder sind keine Waffen

Kein Kind ist in der Lage zu verstehen, warum sich zwei Menschen, die sich geliebt haben, plötzlich hassen und bekämpfen. Selbst wir Erwachsenen haben oft genug Schwierigkeiten, die komplizierten Prozesse unseres Gefühlshaushaltes zu verstehen. Kinder bekommen zwar die schlechte Laune und die nervigen Streitereien mit, aber sie verstehen in den seltensten Fällen die wahren Gründe dafür. Wenn Erwachsene Probleme miteinander haben, dann sind das ihre Probleme, nicht die der Kinder. Kinder sind weder Schiedsrichter noch Waffen. Wer den Ehepartner beim Kind schlechtmacht, zeigt damit zwar seine Verzweiflung und Hilflosigkeit, aber auch seinen Egoismus. Ein Kind hat immer eine ganz andere Beziehung zum Vater und zur Mutter als die beiden untereinander. Wer den

Ehepartner vor dem Kind beleidigt, sie als blöde Kuh bezeichnet oder ihn als Idioten, zerstört diese besondere emotionale Bindung des Kindes zu seinem Vater oder seiner Mutter.

Wer es geschafft hat, daß sich das Kind von einem Elternteil abwendet, und dies für einen taktischen »Sieg« hält, wird schnell merken, daß der andere die gleichen Mittel anwendet. Wem soll das Kind da noch glauben? Oft genug ziehen sich Kinder in der heißen Phase der Trennung dann von beiden zurück.

Dabei reagieren Kinder außerordentlich gerecht. Still und heimlich speichern sie genau ab, wer was über wen gesagt hat, und irgendwann fällen sie ihren eigenen Schuldspruch. Neulich trafen wir einen ehemaligen Schulkameraden auf der Straße und sprachen ihn mit seinem Namen an. Zuerst reagierte er gar nicht, wir waren schon geneigt, ihn als arroganten Schnösel zu beschimpfen. Aber dann stellte sich heraus, daß er den Namen seiner Mutter angenommen hatte. Wir kamen ins Gespräch, und er erzählte, daß seine Eltern ihn als Kind während der Schulferien immer abwechselnd gegen den jeweils anderen aufgehetzt haben. Als er erwachsen war, entschied er, daß sein Vater die Angelegenheit deutlich übler betrieben habe als seine Mutter. Um seinen Vater, der immer wollte, daß er genauso würde wie er, zu bestrafen, hat er den Namen seiner Mutter angenommen. Inzwischen kommen ihm Zweifel: Noch heute versucht er herauszufinden, wer damals mehr gegen wen gestänkert hat.

Kinder, denen ein Elternteil aus Rache ganz vorenthalten wurde, neigen dazu, sich aus winzigen Informationsfetzen ein Bild von diesem zusammenzusetzen. Dieses Bild hat nicht viel mit dem wirklichen Menschen zu tun, es ist ein Idealbild. In seinen Vorstellungen wird dieses Bild besser, schöner, großzügiger, aufregender oder böser, häßlicher, kleinlicher und gemeiner sein als das Original. Jede noch so unbedeutende Bemerkung über den abwesenden Vater oder die abwesende Mutter wird in dieses Bild eingepaßt. Irgendwann beginnt sich das Bild zu verselbständigen. Nach einiger Zeit – bei manchen Kindern nach ein, zwei, bei anderen nach zehn, zwölf Jahren – begeben sich die Kinder dann auf die Suche nach diesem imaginären Elternteil. Und sie finden heraus, wie ihr Vater oder ihre Mutter wirklich ist.

Woody Allen und Mia Farrow:
Krieg vor laufender Kamera

Über 12 Jahre waren Woody Allen (56) und Mia Farrow (47) nicht nur in zahlreichen Filmen ein Paar, auch wenn sie nie verheiratet waren und jeder ein eigenes Appartement am New Yorker Central Park hatte. Dann entdeckte Mia plötzlich Nacktfotos von ihrer gemeinsamen Adoptivtochter Soon-Li (21) und ihrem Lebensgefährten Woody. Sie erzählte es ihren Kindern: »Daddy schläft mit eurer Schwester.« Doch damit nicht genug. Mia Farrow ließ die beiden minderjährigen Adoptivkinder Dylan (7) und Moses (14) von einem Arzt untersuchen, und dabei sei die sexuelle Mißhandlung von Dylan festgestellt worden. Als weiteren Beweis habe sie einen Videofilm, auf dem Dylan unter Tränen erzähle, wie Woody Allen sie sexuell mißbraucht habe.

Woody Allen: »Dies ist eine gewissenlose und grausame Manipulation von unschuldigen Kindern, aus rachsüchtigen Motiven.« Mia Farrows Anwälte sollen sieben Millionen Dollar von Allen gefordert haben, andernfalls würden sie mit den Anschuldigungen zur Polizei gehen. »Ich habe mich geweigert zu zahlen. [...] Ich bin ein verantwortungsvoller Vater, der seine Kinder aus einer ungesunden Atmosphäre herausholen will. Meine Anwälte haben mich davon unterrichtet, daß Beschuldigungen wegen sexueller Mißhandlungen eine populäre, wenn auch abscheuliche Karte in vielen Kämpfen um das Sorgerecht sind. [...] Ich bin schuldig, mich in die erwachsene Adoptivtochter von Mia Farrow verliebt zu haben, als unsere gemeinsamen Jahre zu Ende gingen. So schmerzhaft das auch sein mag, ich und die Kinder verdienen diese Art von Vergeltung nicht.«

(Hamburger Morgenpost Herbst 1992)

Sorgerechtsfälle, bei denen Kindesmißbrauch eine Rolle spielt, »sind das Schwierigste überhaupt«, sagt die oberste Richterin Katherine McDonald vom New Yorker Familiengericht, die bislang mit dem Allen/Farrow-Streit nichts zu tun hat. »Mögliche falsche Anschuldigungen sind sehr schwer von echten zu unterscheiden.« Aus einer Untersuchung des amerikanischen Verbandes der Familiengerichte geht hervor, daß die Beschuldigungen in etwa einem Drittel der Fälle falsch sind.

Der Scheidungsanwalt Louis I. Newman von der großen New Yorker Kanzlei Moore, Wohl and Newman berichtet: »Ich hatte Klienten, die ganz unverblümt fragten: ›Warum können wir nicht sagen, daß mein Mann das Kind mißbraucht?‹«

(Quelle: Stern 36/92)

4. Lektion: Alles muß neu organisiert werden

Schwierig für Eltern ist es in der Zeit nach der Trennung nicht nur, ein neues Leben zu organisieren und den Alltag zu bewältigen. Immerhin müssen zwei Haushalte finanziert werden. Noch schwieriger ist aber, daß Eltern, wenn ihnen bei kleinen Kindern die Nerven durchdrehen, nicht mehr den anderen bitten können, kurz zu übernehmen, um selbst einmal – zwecks Beruhigung – um den Block zu gehen. Da müssen neue Möglichkeiten gefunden werden, sich solche Hilfen zu beschaffen. Einem Kind gerecht zu werden und es von Herzen liebzuhaben, ist allein auch nicht mehr ganz so einfach. Man entdeckt an diesem Kind plötzlich die häßlichen Eigenschaften eines Menschen, den man nicht mehr liebt. Wie soll man sie an dem Kind lieben? Kinder spüren das sofort. Man sollte sich dann mal gemütlich mit ihnen in eine Ecke setzen und dem Kind ruhig erzählen, was man an seinem Vater oder seiner Mutter sehr geliebt hat und immer noch respektiert und mag. Jeder Erwachsene kann bei allem Zorn auf den Ex-Partner eine solche Ecke in seinem Kopf finden. Das kann man dem Kind durchaus sagen, ohne sich etwas zu vergeben oder einen Zacken aus der Krone zu brechen. Soviel Fairneß kann ein Kind erwarten.

Überhaupt, das Kind zu loben und zu bewundern, so wie es ihm gebührt, ist zu zweit einfacher. Eheleute können sich abends unterhalten, was für ein wundervolles Kind sie haben, ein Elternteil allein wird schwer jemanden finden, der dieses Kind so bedingungslos liebt und zugibt, daß es das prächtigste Kind der Welt ist, wie eben Eltern meinen. Aber dafür können Alleinerziehende Freunde finden oder mit den Großeltern sprechen, die ihre Enkel ja nicht selten noch schamloser bewundern als die Eltern. Außerdem sind auch Kinder manchmal recht pfiffig im Organisieren von Unterstützung. Eine Frau, die ihre pubertierende Tochter zu Unrecht angebrüllt und ausgeschimpft hatte, wunderte sich abends, als sie sich wieder vertrugen, daß ihr Mädchen so locker darüber sprechen konnte. Sie hatte ganz einfach ihren Vater angerufen, ihm die Sache erzählt und eine angemessenere Antwort bekommen. Der Vater hatte aus der Ferne geduldig getröstet, wo die Mutter gebrüllt hatte. Die Mutter fragte, ob sie dem Vater auch von dem Streit zu Hause erzählt hätte. Das Kind verdrehte nur genervt die Augen und meinte: »Das denkst du nur immer. Das mache ich nie.« Na ja, war eine blöde Frage von der Mutter.

Die Zahl der Alleinerziehenden wird immer größer

Siebzehn Prozent aller Familien mit Kindern unter achtzehn Jahren sind Ein-Elternfamilien. Jedes siebente Kind in der Bundesrepublik wächst mit nur einem Elternteil auf.

(Quelle: Frisé/Stahlberg: Allein mit Kind. München 1992)

5. Lektion: Kinder wissen mehr, als wir glauben

Angst vor dem Unbekannten ist oft schlimmer, als zu wissen, was geschieht und wo die Grenzen des Unheils sind. Man sollte die große Unsicherheit und Zerrissenheit der Kinder in der Zeit der Scheidung dadurch beruhigen, daß man ihnen möglichst reinen Wein einschenkt. Kinder verzeihen es einem nie, wenn man sie belügt. Und: Ein Kind, das alt genug ist, Fragen zu stellen, ist auch alt genug, eine Antwort zu bekommen. Angstphantasien, die ins Uferlose gehen, sind schlimmer als schlechte Nachrichten. Auch Kinder möchten wissen, was mit ihnen geschieht. Klarheit ist ebenfalls notwendig, damit die Kinder nicht immer wieder zu Versöhnungsversuchen ermutigt werden.

Neuer Baby-Boom – Fast alle Paare wollen Kinder

Bringen die 90er Jahre einen neuen Baby-Boom? Gut möglich, denn nach einer Studie des Bonner Familienministeriums wollen 90 Prozent aller Jungverheirateten in Deutschland Kinder haben – die meisten zwei oder mehr. Für die Hälfte der insgesamt 1700 befragten jungvermählten Paare war der Kinderwunsch sogar das wichtigste Heiratsmotiv.

Allerdings stellte das Ministerium nach der Umfrage auch fest: »Bevor sie Kinder haben, möchten junge Paare erst mal eine gesicherte finanzielle Basis und eine sichere berufliche Stellung erreicht sowie etwas vom Leben zu zweit gehabt haben.« Doch nach zwei Jahren erfüllt sich bei 45 Prozent der Ehepaare der Kinderwunsch: 33 Prozent haben Nachwuchs bekommen, bei 12 Prozent ist ein Baby unterwegs. Eine große Hilfe für zwei Drittel der Paare: der Erziehungsurlaub und die damit verbundene Arbeitsplatz-Garantie.

Gar keine Kinder wollten nur drei Prozent der Befragten, sechs Prozent wollen nur ein Kind haben. Generell gilt, daß mit zunehmenden Ehejahren der Anteil der Unentschlossenen wächst. Wichtigstes Kriterium für den Kinderwunsch ist das Verständnis der Partner. »Abnehmende Qualität der Beziehung führt zum Aufschub der Elternschaft«, so das Ministerium.

(Quelle: Hamburger Morgenpost 24. 10. 1992)

6. Lektion: Nicht am Kind herumzerren

Wer um das Sorgerecht für sein Kind mit allen Mitteln kämpfen will, sollte sich und seinem ehemaligen Partner einmal Merkblätter vom Familiengericht oder ähnliches beschaffen und sich vergegenwärtigen, was ein Streit um das Sorgerecht vor Gericht bedeutet und in welchen Gerichts- und Behördenkategorien dann über die Familie entschieden wird. Im Zentralblatt für Jugendrecht, 78. Jahrgang, Heft 7–8/1991, heißt es: »Bei der statusorientierten familienpsychologischen Begutachtung ist der diagnostische Prozeß auf eine Entscheidung ausgerichtet, bei der eine Personenselektion beabsichtigt wird. Einem mehr oder weniger angenommenen Kindeswohl wird ein Elternteil oder eine Besuchsfrequenz zugeordnet.«

So brutal und unmenschlich wie diese Sprache ist dann letztlich auch der Vorgang, bei dem Außenstehende darüber befinden müssen, wer das »Kindeswohl« besser garantieren kann, der Vater oder die Mutter. Selbst Familienrichter, zu deren Beruf es gehört, solche Entscheidungen fällen zu müssen, leiden darunter, wenn Familien sich in diesem Punkt nicht selbst einig werden können. Es ist immer besser, wenn Eltern das untereinander klären und so lange miteinander streiten, bis sie eine Lösung finden.

Keinesfalls darf die Entscheidung, wer das Sorgerecht bekommen soll, einem Kind aufgeladen werden. Auf die Gefahr hin, bereits Gesagtes zu wiederholen: DAS KIND IST DAMIT ÜBERFORDERT!

Wer dann nicht mehr mit den Kindern zusammenlebt, kann während der Ferien oder am Wochenende ein intensives Verhältnis zu ihnen aufbauen, und es gibt noch die Möglichkeit, daß Kinder während der Pubertät selbst den Wunsch äußern, den Wohnort, das Elternhaus zu wechseln. Manchmal weichen sie beispielsweise damit einem durchaus notwendigen Konflikt mit der Mutter aus, aber unter Umständen will ein Junge den »Weiberhaushalt« einfach mal verlassen und zu seinem Vater. Selbst, wenn einer Mutter die Vorstellung ein Graus ist, sollte sie in so einem Fall das Kind ziehen lassen. Sonst verpassen Mutter und Sohn im folgenden jahrelangen Clinch miteinander aus Versehen das Leben; schließlich rast eine Kindheit so unwahrscheinlich schnell vorbei. Und nachholen läßt sich da nichts.

Kinder wollen zum Vater

Der Kindeswille ist [. . .], so erklärt das Oberlandesgericht Hamm (5 UF 403/87) in dem Fall eines Versicherungskaufmanns und einer Gemeindeschwester, nicht immer entscheidend. Vorrang hat das Kindeswohl.

Die zwölfjährige Tochter und der zehnjährige Sohn hatten den Wunsch geäußert, zum Vater überwechseln zu können. Das Gericht antwortete ihnen, sie übertrügen ihre Erfahrungen bei Wochenendbesuchen auf den Alltag. Den Richtern war zudem nicht entgangen, daß der Vater pleite war und den Offenbarungseid geleistet hatte. Dagegen hatte die Mutter in den drei Jahren zuvor die Kinder gut erzogen. Auch ihre schulischen Leistungen konnten sich sehen lassen.

(Quelle: Remscheider General-Anzeiger 9. 4. 1989)

7. Lektion: Zuhören!

»Du hörst mir nicht zu!« ist eine häufige Klage, die Kinder gegen ihre Eltern vorbringen. Und nicht selten haben sie nur allzu recht damit. Bei einer Umfrage, die unter 15 000 Kindern gemacht wurde, antworteten 91 Prozent der Kinder, daß sie sich wünschten, ihre Eltern würden ihnen mehr zuhören. Die Frage ist nicht nur, ob wir unseren Kindern noch gut genug zuhören, sondern auch, ob wir genau genug hinhören, was sie sagen, oder ob es wie Wasserplätschern an unseren Ohren vorbeigeht. Es gibt einige Familientherapeuten, die während ihrer Arbeit nichts anderes tun, als den Menschen wieder feineres Hören beizubringen, und die damit überraschende Erfolge erzielen.

Wissenschaftler gehen davon aus, daß sich unsere Hörgewohnheiten – ebenso wie unsere grundsätzliche Fähigkeit zu hören – verändert haben. Jeder kann um sich herum eine ganze Kette von Hinweisen darauf finden, daß unsere Hörfähigkeit abnimmt oder sich zumindest verändert. In den Großstädten sind wir darauf angewiesen, bestimmte Dauergeräusche zu überhören oder nur noch wie fernes Meeresrauschen wahrzunehmen, um nicht wahnsinnig zu werden in einer permanenten Geräuschkulisse. Aber es hat seinen Preis, einen der fünf Sinne zurückzudrängen. Es bedeutet, daß wir einen wichtigen Teil der Wirklichkeitswahrnehmung verlieren. Wir leben in einer Bilderwelt, wir sehen zuviel und hören zuwenig. Das Auge läßt sich leicht täuschen. Es gibt den Begriff optische Täuschung, akustische Täuschungen gibt es zwar auch, aber sie sind so selten, daß sich kein entsprechender Begriff durchsetzen konnte. Keiner unserer Sinne ist so störanfällig wie das Sehen, und doch verlassen wir uns hauptsächlich auf diesen Sinn, obwohl wir einen viel präziseren besitzen. Wer nicht zuhört, wird bestimmte Dinge, die Kinder immer wieder fragen, nicht mehr wahrnehmen, kein Zittern in ihrer Stimme bemerken, keine Ungereimtheiten spüren und weder die Echtheit einer Aussage noch die Unsicherheit, die dahintersteckt, hören.

Von vielen Gesprächen stellen wir zudem nachträglich »idealisierte Hörerfassungen« her. Das heißt, wir haben dann nicht gehört, was wir hören können, sondern was wir zu hören erwarteten. Sobald man versucht, ein Gespräch wortgetreu nach einer Tonbandaufnahme abzuschreiben, ist man überrascht, was dort alles gesagt wurde, was uns nicht aufgefallen ist. Wir senden uns unablässig Botschaften, die nur zu einem geringen Teil entschlüsselt werden. Viele überhörte Informationen sind in jedem kleinen Gespräch verborgen. Eine besondere Beachtung des Hörvermögens, also das Training, sich gegenseitig wieder zuzuhören, wäre ein ungeheurer Schritt zu einer verbesserten Kommunikation.

Ledige erleiden öfter Frühgeburt

Das Risiko von ledigen und geschiedenen Müttern ist deutlich größer, frühzeitig niederzukommen, als für verheiratete Frauen. Das ergab eine Analyse der Geburten des ehemaligen DDR-Bezirks Gera.

(Quelle: Remscheider General-Anzeiger 15. 8. 1992)

8. Lektion: Grundregeln für das Miteinander

Eine Scheidung, sagt Judith Wallerstein, eröffnet und verschließt eine Vielzahl von Möglichkeiten, sie ist auch eine Chance, die Weichen neu zu stellen, sich aus einer verfahrenen Situation zu retten.

Kinder sorgen sich sehr um ihren Vater und ihre Mutter. Das überhören zerstrittene Eltern nicht selten. Dabei wäre diese Sorge für sie eine Möglichkeit, den Kindern die neuen Verhältnisse zu erklären und zu verhindern, daß sie die Trennung als Ablehnung ihrer eigenen Person auffassen. Der holländische Psychologe René Diekstra hat ein paar Grundregeln für den Umgang mit Kindern aufgestellt, die eingehalten werden müssen. Wir zitieren die wichtigsten:

- Respektiere die Privatsphäre und die eigene Meinung deines Kindes.
- Gib ihm emotionale Unterstützung.
- Bewahre dir anvertraute Geheimnisse.
- Beanspruche dein Kind nicht für dich allein.
- Empfinde mit den Niederlagen und Erfolgen deines Kindes.

- Halte Augenkontakt mit deinem Kind, wenn du mit ihm sprichst.
- Gib oder schicke ihm am Geburtstag Geschenke und Karten.
- Sprich mit deinem Kind über Sex und Tod.
- Sprich mit deinem Kind über Politik und Religion.
- Erweise deinem Kind Respekt, und verhalte dich selbst respektabel.
- Kritisiere nicht die Freunde oder den Partner deines Kindes.

Streit belastet mehr als Trennung

(Es) ist nicht die Trennung selbst, die den Kindern die größten Probleme bereitet. Es sind die oft jahrelang andauernden Auseinandersetzungen.

Kinder werden von den Eltern, auch wenn diese es nicht wollen, oft in die Auseinandersetzungen hineingezogen. Sie spüren die Wut, die Aggression auf den Ex-Partner. [...] Das Kind gerät in einen schmerzhaften Konflikt, weil es sich für einen Elternteil – und damit gegen einen anderen, den es ebensosehr liebt – entscheiden muß.

Eltern, die ihre Beziehungskonflikte vor den Augen des Kindes fortsetzen, machen es ihm schwer, den Verlust zu verarbeiten. Das Kind spürt, wenn seine Eltern es nicht ertragen, daß es den jeweils anderen Elternteil auch nach der Trennung noch mag. Es verschließt sich und bleibt mit seiner Trauer, dem Schmerz über den Verlust allein.

Gegenseitige Achtung auch nach der Scheidung, so Reinhart Lempp, Professor für Jugendpsychiatrie, Tübingen, sei das beste Mittel, dem Kind über eine Trennung hinwegzuhelfen. So würden Probleme vermieden, die den gesamten Lebensweg negativ beeinflussen können.

(Quelle: Remscheider General-Anzeiger 14. 3. 1988)

Mamas neuer Freund & Papas neue Freundin

Im akuten Stadium der Verliebtheit »verblödet« man ja bekanntlich ein bißchen, wirbt um den Partner, hat am liebsten nur noch Augen, Ohren und Zeit für ihn, und die Hormone fahren Karussell. Kinder nehmen solche Veränderungen wahr; es kann sein, daß sie mit Angst, Erschrecken oder Unverständnis darauf reagieren. Darum sollte man unbedingt auf das Einhalten bestimmter Rituale achten: zum Beispiel weiterhin die Gutenachtgeschichte erzählen und dem Kind auch ansonsten zeigen, daß es ganz zuverlässige Dinge im Leben gibt. Dazu gehört vor allem die Liebe der Eltern, auch wenn sie sich manchmal »wunderlich« benehmen. Kinder müssen spüren, daß sie auf eine einmalige und ganz besondere Weise von ihren Eltern geliebt werden und daß diese Liebe eine andere Liebe ist als die zwischen Frau und Mann.

Eifersüchtig werden sie dann aber doch – die Kinder – und fast immer auch die Erwachsenen. Es hat keinen Sinn, das nicht wahrhaben zu wollen und immer wieder zu sagen, wie wunderbar sich doch alle verstehen, wenn es in Wirklichkeit unter der Oberfläche brodelt und gärt. Erst ein Kind, das sagen kann: »Ich bin so schrecklich eifersüchtig«, hat diese Qual überwunden und kann akzeptieren, daß die verschiedenen Lieben sich gegenseitig nichts wegnehmen. »Hat man mehrere hundert Prozent zum Liebhaben?« fragte ein kleines Mädchen, das viele Tränen vergossen hatte und den neuen Freund der Mutter wegekeln wollte. Der Satz war ein Anfang für sie, aus einem quälenden Labyrinth der Eifersucht herauszufinden.

Christine Kaufmann: »Für die Töchter«

»Diesmal ist es für immer«, glaubte Christine Kaufmann, als sie vor 10 Jahren den Rockmusiker Reno Eckstein heiratete – ihre 3. Ehe. Doch ihre Kinder Alexandra und Allegra beanspruchten zu viel von Christines Zeit. Der Musiker fühlte sich vernachlässigt, wurde eifersüchtig. Nur 21 Monate dauerte diese Ehe. Christine: »Ich mußte mich entscheiden. Ich habe mich für meine Kinder entschieden.«

(Quelle: Bild der Frau 10. 7. 1989)

Nach der Trennung übernehmen Kinder von Alleinerziehenden oft die Rolle eines »erwachsenen« Partners. Es wird viel Zeit mit ihnen verbracht, sie werden großzügig beschenkt, nehmen am Alltag der Erwachsenen teil, sind Gesprächspartner und Trostspender, erfüllen Zärtlichkeitsbedürfnisse und werden rundum ernst und wichtig genommen. Das gibt ihnen ein Gefühl von Macht, die sie gelegentlich auch schamlos zu ihrem Vorteil ausnutzen.

Wenn Mama plötzlich einen neuen Freund oder Papa eine neue Freundin hat, mit denen sie dann die wichtigen Dinge des Lebens besprechen und viel Zeit verbringen, ändert sich einiges. Den Kindern wird nicht mehr alles erzählt, und ihre Anwesenheit ist auch nicht immer erwünscht.

Es ist anstrengend und mühsam, mit Kindern in einer solchen Situation zu sprechen. Aber das Gespräch mit ihnen ist jetzt das wichtigste, was zu tun ist. Eltern sollten ihre Kinder nicht im unklaren darüber lassen, welche Rolle der neue Partner in ihrem Leben spielt. Kinder spüren sowieso, was los ist, und je mehr man ihnen verheimlicht, desto unheimlicher ist er oder sie ihnen. Klare Worte und Signale muß es von Anfang an geben.

Robert Wagners Versprechen:
»Neue Frau erst, wenn...«

Seit über zehn Jahren wartet die amerikanische Schauspielerin Jill St. John (51) darauf, daß ihr Kollege Robert Wagner (61) sie heiratet. Frühestens in diesem Jahr kann er sein Eheversprechen einhalten. Robert Wagner: »Nach dem Tod meiner Frau Nathalie Wood vor elf Jahren mußte ich unseren drei Töchtern versprechen, daß ich erst wieder heirate, wenn die jüngste volljährig ist. Sie sind noch nicht reif für eine ›neue‹ Mutter.«

(Quelle: Bild der Frau 10. 7. 1989)

Ihren neuen Partner suchen sich die Eltern selbst aus, sie müssen nicht ihre Kinder um Erlaubnis bitten. Leider geht es im echten Leben nicht wie im deutschen Heimatfilm zu, wo die Kinder ihre verwitweten Väter mit schönen, patenten Frauen verkuppeln, oder wie in Erich Kästners »Doppeltem Lottchen« die Eltern wieder zusammenführen. Anders als im Roman oder in Filmen können Kinder nicht wählen. Sie um Erlaubnis zu fragen bedeutet nur, das eigene schlechte Gewissen zu entlasten. Diese »Last« müssen Eltern aber allein tragen und dürfen sie nicht den Kindern aufbürden.

Auch Schuldgefühle sollte man einem Kind nicht ständig mitteilen. Auch das entlastet bekanntlich nur das eigene Gewissen und hilft dem Kind nicht. Schuldgefühle beziehen sich meist auf Vergangenes, sie nützen kaum in der Gegenwart. Kinder leben aber in der Gegenwart und können mit Schuldgefühlen aus der Vergangenheit ihrer Eltern nichts anfangen. Es hat keinen Sinn, sie mit Geschenken zu überschütten, weil man in der letzten Woche ungerecht zu ihnen war. Entschuldigen muß man sich gleich, ein paar Tage später hat es bei einem Kind nur selten Sinn.

So wenig wie Kinder dafür verantwortlich gemacht werden können, daß die Liebe ihrer Eltern nicht gehalten hat, so wenig können sie für den Verzicht der Eltern auf eigenes Glück zu Dank verpflichtet werden. Jedes »Opfer«, das Eltern für ihre Kinder bringen und ihnen täglich vor die Nase halten, ist ein Käfig, in dem die Kinder gefangengehalten werden.

Fürstin Gloria: Vater verlassen

Fürstin Gloria von Thurn und Taxis (29) und Schwester Maja Flick brachen den Kontakt zu ihrem Vater ab, weil er vor drei Jahren die 38jährige Ursula Zwickert heiratete. Für die Telefonistin ließ sich Vater Joachim Graf von Schönburg-Glachau (60) von Gräfin Beatrix nach 29 Jahren scheiden. Als der Graf 130000 Mark Schulden nicht bezahlen konnte, sagte Gloria: »Mein Mann und mein Schwager Mick würden ihm helfen, wenn er bei meiner Mutter geblieben wäre.«

(Quelle: Bild der Frau 10. 7. 1989)

Selbst, wenn die Vorstellung noch so schön ist, sollte man auf jeden Fall darauf verzichten, den Kindern den neuen Partner als neuen »Vater« oder die neue »Mutter« vorzustellen. Wenn er oder sie sich irgendwann in dieser Rolle bewährt, dann wahrscheinlich nur, weil keiner das wollte und sich alle davon haben überraschen lassen.

Bei einer frischen Liebe geht es anders zu als in einer Ehe. Da hat man Liebeskummer, es gibt Mißverständnisse, Tränen fließen, es ist einfach noch ein bißchen wilder und leidenschaftlicher als in einer jahrelangen glücklichen Ehe. Für Kinder ist das schwer zu verstehen und zu ertragen, sie werden ständig beunruhigt, überwachen jede Mücke, die da über die Seele der Mutter oder des Vaters kriecht, und wollen alles in Ordnung bringen.

Doch das Kind darf niemals die Rolle des tröstenden, beratenden Freundes einnehmen. Hingeschrieben wirkt das so selbstverständlich und leicht. Aber wer die Situation erlebt hat, weiß, wie schwer es zu verhindern ist.

Eva ist einmal nachts um drei aufgestanden, hat sich zu ihrer Mutter in die Küche gesetzt und zur Beruhigung mit ihr Domino gespielt. Dann hat sie gesagt: »Ich verstehe dich nicht, bei Papa hast du geweint, darum sind wir weggegangen, und jetzt weinst du schon wieder.«

Vorsicht, jetzt nicht über den neuen Freund oder die Männer im allgemeinen schimpfen, auch nicht über den Ex-Partner, also den Vater des Kindes. Wenn die Frau nicht ganz zu dem »neuen« Mann steht, selbst während sie auf ihn wütend ist, wie soll das Kind ihn dann achten, respektieren oder mögen?

Jackie Onassis:
Von seiner Tochter bis ans Grab gehaßt

»Sie hat's nur auf Vaters Geld abgesehen...« Christina Onassis unterstellte ihrer Stiefmutter Jackie (60) »Verschwendungssucht« und »Hartherzigkeit«, riet ihrem Vater Aristoteles zur Scheidung. Zu Christinas Verlobungsfeier wurden Jackie und Ari nicht eingeladen. Bei seiner Beerdigung 1975 würdigten sich Witwe und Tochter keines Blickes. Christina vor ihrem Tod: »Ich verzeih' ihr nicht, daß sie nicht an Vaters Krankenbett saß, als er starb.«

(Quelle: Bild der Frau 10. 7. 1989)

Es ist ein Unterschied, ob ein Junge oder ein Mädchen mit seiner Mutter oder seinem Vater zusammenlebt. Jungen und Mädchen reagieren genauso unterschiedlich wie Männer und Frauen, Mütter und Väter. Daher ist es auch ein Unterschied, ob ein Mann oder eine Frau in die »eheähnliche Beziehung«, in der Alleinerziehende mit ihrem Kind leben, einbricht.

- **Mütter und Söhne** sind »ein Liebespaar«, der Junge übernimmt die Rolle des Mannes und wird sich zuerst gegen die Konkurrenz des Neuen, des Nebenbuhlers wehren.
- **Mütter und Töchter** sind Freundinnen, die zeigen, daß sie

auch sehr gut ohne »Männer« auskommen können. Die Mädchen versuchen, den männlichen Eindringling abzuweisen.

- **Väter und Söhne** sind Kumpel – oder versuchen es zumindest zu sein, die Jungen fühlen sich durch den Einbruch der Frau in ihrer »Männerwirtschaft« gestört.
- **Väter und Töchter** sind »ein Liebespaar«, die neue Familie, in der das Mädchen die Rolle der Mutter übernimmt und sich erst einmal gegen die Konkurrenz der Neuen, der Nebenbuhlerin wehrt.

Kinder reagieren in der Regel erst irritiert, dann erbost und schließlich voller Haß und Wut auf den neuen Partner der Eltern. Andere stürzen sich auch geradezu vor lauter Zärtlichkeitsbedürfnis auf ein neues Familienmitglied.

Heidi Brühl: Verwöhnter Sohn – entnervter Ehemann

Heidi Brühls (48) Liebe zu Béla Erny (47) scheiterte an Heidis Sohn Clayton (22) aus der Ehe mit dem US-Schauspieler Brett Halsey. Béla: »Clayton konnte mich nicht ausstehen, war total auf seinen Vater fixiert. Heidi hing mit einer Affenliebe an ihrem Sohn. Verwöhnte ihn – aus Angst, daß er zu seinem Vater nach Amerika zurückkehrte.« Als Béla in die Erziehung eingreifen wollte, nannte ihn Heidi einen »Tyrannen«, gab ihm den Laufpaß. Béla Erny heute entnervt: »Durch Heidi und ihren Sohn habe ich 18 Pfund abgenommen und graue Haare bekommen.«

(Quelle: Bild der Frau 10. 7. 1989)

Mama hat 'nen neuen Freund

»Wir reichen der nicht mehr, die liebt uns nicht mehr.« So empfanden Nicola und ihr Bruder, als sich ihre Mutter mit einem anderen Mann anfreundete. Wochenlang hatten die beiden Kinder schon alle möglichen Veränderungen an der Mutter beobachtet. Sie kaufte sich plötzlich teure Kleider, legte Rouge auf und tuschte sich die Wimpern. Als der Vater Nicola und ihren Bruder Frederik am Wochenende abholte, hörten sie immer wieder neue Streitgespräche zwischen den Eltern. Er sehe nicht ein, warum er mit seinem sauer verdienten Geld diesen Luxus finanzieren sollte, schrie er; dann kamen die hitzigen Antworten der Mutter, aber mit Michael, ihrem neuen Freund, zwitscherte sie am Telefon in den höchsten Tönen. Dann wollte Michael auch noch mit in die Wohnung ziehen. Er biederte sich bei den Kindern an und warb um ihre Zuneigung. Die Kinder reagierten abwehrend, Michael versuchte in ihren Augen, die Position des geliebten Vaters zu besetzen und verhinderte dadurch seine Rückkehr; darum verachteten sie ihn.

Am Anfang darf überhaupt am Rhythmus und den Ritualen des Alltags so wenig wie möglich verändert werden. Die Situation ist emotional unsicher genug, da bietet der gewohnte Tagesablauf einem Kind äußere Sicherheit. Ganz verkehrt also: ein spontaner Urlaub, Ausflug, Kinobesuche oder ähnliches. Das Besondere als Belohnung oder Entschädigung durchschauen Kinder und empfinden es als Bestechung.

> »Wenn man verheiratet ist und drei Kinder hat, wäre es albern, jedesmal Herzklopfen zu bekommen, wenn ein attraktiver Kerl daherkommt.«
> Ornella Muti, 35, Schauspielerin
>
> (Quelle: Stern 7. 12. 1989)

Als Vera, die Mutter eines vierjährigen Mädchens, sich in einen Mann verliebte, war ihre größte Sorge, ob ihr Freund Manfred und ihre Tochter Christina sich mögen. Alle sollten glücklich zusammen sein und es gut haben. Bei Christina warb sie um Zuneigung für Manfred und bei ihm um Verständnis für das Kind. Ihre Rolle als Vermittlerin führte fast unausweichlich in eine Zwickmühle. Beide, also weder der Mann noch das Kind, konnten nach kurzer Zeit den anderen noch ausstehen, sie spielten sich gegeneinander aus, und Vera litt unter der angespannten Atmosphäre. Nachher war man klüger: Vera hätte ihrer Tochter und dem neuen Freund mehr Zeit lassen sollen, sich kennenzulernen. Sie hätte nicht gleich verlangen dürfen, daß sie sich mögen. Nun steht sie dazwischen. Ihre einzige Chance ist jetzt, eindeutige Zeichen nach beiden Seiten zu geben. Mal ist es das Kind und mal der Mann, den sie dabei verletzt, denn die beiden umkämpfen sie mit allen Mitteln. Aber ihr Kind muß immer wissen, daß das stimmt, was die Mutter sagt, und daß sie Wort hält. Zum Beispiel: Wenn sie und ihr Freund das Kind fragen, ob es am Wochenende mal mit ihnen gemeinsam wegfahren möchte, dann muß dieses Angebot auch eingelöst werden.

»Männer und Frauen passen einfach nicht zusammen.«
Loriot, 69, Komödiant

(Quelle: Stern 7. 12. 1989)

Wenn die Mutter einen neuen Freund findet, spielt immer noch der Vater des Kindes eine Rolle. Wenn das Kind seinen Vater liebt, zu ihm hält und ihm gegenüber loyal sein will, der aber den neuen Freund seiner Ex-Gattin ablehnt, dann ist es dem Kind beinahe unmöglich, den fremden Mann an der Seite der Mutter einfach so zu akzeptieren. Der Vater trauert immer noch seiner ehemaligen Ehefrau nach, will alles rückgängig machen, aber das geht nicht, weil sich die Mutter neu verliebt hat – in einer solchen Konstellation ist sehr viel Geduld und Verständnis nötig, bis das Kind den neuen Partner der Mutter freundlich begrüßen kann. Manchmal geht es auch gar nicht.

Papa hat 'ne neue Freundin

Im Märchen »Hänsel und Gretel« verlangt die böse Stiefmutter von ihrem Mann, daß er die Kinder fortschickt. Der Vater ist zerrissen zwischen seinen Gefühlen für die Frau und für die Kinder. Um wenigstens das schwere Los seiner Kinder zu mildern, gibt er ihnen Brotkrumen mit auf den Weg. Heute würde er, wenn er es sich leisten könnte, die Kinder auf ein gutes Internat geben oder sich eine andere Frau suchen, die mit den Kindern liebevoller umgehen kann.

Aber lesen wir dieses Märchen doch mal andersherum und fragen uns, was den beiden Kindern wohl alles eingefallen ist, um der neuen Frau ihres Vaters das Leben zur Hölle zu machen. Vielleicht haben sie keinen Versuch ausgelassen, ihrer Stiefmutter zu zeigen, wieviel schöner und gütiger ihre Mutter war und wie sehr sie die neue Frau verachten. Das rechtfertigt keineswegs ihre Reaktion, die Kinder zu verjagen; sie verliefen sich im Wald, da war es finster und auch so bitterkalt – das ist es allerdings auch in manchen Familien.

Daß Väter ihre Kinder lieben, wird allgemein angenommen. Und es heißt, daß sie Mädchen lieber haben als Jungen, aber mit Jungen mehr anfangen können als mit Mädchen. Daß ein Vater nach der Scheidung das Sorgerecht für sein Kind haben will, ist immer noch ungewöhnlich. 1975 gab es in der Bundesrepublik 189000 alleinerziehende Väter mit 274000 Kindern, 1985 waren es bereits 282000 mit 371000 Kindern. Über die Hälfte von ihnen lebte mit Minderjährigen zusammen. Daß Vater und Kind ein intensives, liebevolles, fast symbiotisches Verhältnis haben, gilt trotzdem beinahe als exotisch. Ein Vater, der mit seinem Sohn nicht nur am Wochenende Drachen steigen läßt und mit seiner Tochter auf den Schultern im Schwimmbad rumtobt, sondern ihnen auch den Po abwischt, die Nase putzt, für sie zu Mittag kocht und Pflaster auf verschrammte Knie klebt, scheint fast engelsgleich, weil er etwas tut, was Frauen immer getan haben. Ein Mann, der mit den traditionellen Rollenklischees bricht, hat es besonders schwer, wenn er eine neue Freundin mitbringen will.

Wussow: Kinder halten zur Mutter

»Hat ein Mann nicht das Recht auf ein bißchen Egoismus im letzten Drittel seines Lebens?« fragte sich Klausjürgen Wussow (60) – und verließ vor drei Jahren seine Frau Ida Krottendorf (62), »um noch einmal von vorn anzufangen.« Nach 26 Jahren Ehe also ein neuer Anfang – mit der Journalistin Yvonne Viehöfer (34). [...]

Seine Kinder Barbara (28) und Sascha (24) können ihm das nicht verzeihen, sprechen nicht mehr mit ihm. Sie halten zu der verlassenen Mutter. [...]

(Quelle: Bild der Frau 10. 7. 1989)

Der Frankfurter Journalist Eike Steffensky hat lange überlegt, wie er seinem achtjährigen Sohn Elias erklären sollte, daß er sich »ausgerechnet in der sakralen Atmosphäre des Elternabends einer Waldorfschule« in Bettina verliebt hatte. »Er kennt ihre Tochter, sie besuchen dieselbe Klasse. Wie würde er darauf reagieren, wenn ich ihm eines Abends, gleich nach der Gutenachtgeschichte, beichtete, daß ich mich in die Mama dieses Mädchens, ja, in die, tatsächlich, verliebt hätte und diese, alleinerziehend wie ich, sich dem nicht widersetzte? Die monatelangen strategischen Erwägungen schrammten mitunter hart am Rand zur Panik entlang. Ich wollte ihn nicht verletzen, er sollte nicht das Gefühl haben, zu schnell teilen zu müssen. Dabei war alles einfach. Bettina und ich arrangierten eine Begegnung. Mein Sohn verbrachte einen ganzen Vormittag mit meiner Geliebten, sie haben gespielt, geplaudert, geblödelt, gelacht. Danach hat er ihr das Prädikat ›voll geil‹ verpaßt. Unsere Liebe steht seitdem unter einem günstigen Vorzeichen.« (COSMOPOLITAN August 1989)

Cornelia Scheel:
Sie kann die geliebte Mutter nicht vergessen

Bei der Hochzeit ihres Vaters Walter Scheel (70) mit Barbara (49) sah man Tochter Cornelia (26) weinen – gleich danach zog sie aus. Sie hatte zu ihrer Mutter Mildred, die mit 52 an Krebs gestorben war, eine ganz enge Beziehung.

(Quelle: Bild der Frau 10. 7. 1989)

Zehn Tips für frisch verliebte Mütter und Väter

1. Verändern Sie nicht die Alltagsrituale für das Kind. Vom Aufwecken bis zur Gutenachtgeschichte bleibt alles wie gewohnt.
2. Das Kind spürt Veränderungen. Sagen Sie ihm, was los ist!
3. Lassen Sie Ihrem Kind und dem neuen Partner Zeit und Raum, sich kennenzulernen. Halten Sie sich dabei raus.
4. Versuchen Sie nicht, zwischen dem neuen Partner und dem Kind zu vermitteln.
5. Geben Sie keine Versprechen, die sie nicht halten können.
6. Belasten Sie Ihr Kind nicht mit Schwärmereien über die Vorzüge des neuen Partners.
7. Bitten Sie Ihr Kind nicht um seinen Segen für Ihre neue Beziehung.
8. Keinen »neuen Vater« und auch keine »neue Mutter« vorstellen.
9. Laden Sie Ihre Schuldgefühle nicht auf dem Kind ab.
10. Ein Kind ist kein Tröster oder Berater, sondern ein Kind.

Familienname

Bei Ehescheidung der Eltern und erneuter Verheiratung der Mutter können die bei der Mutter verbliebenen Kinder aus der ersten Ehe durch Namensänderung den neuen Familiennamen der Mutter erhalten. Aber nur dann, wenn es für das Wohl der Kinder und ihre Eingliederung in die neue Familie erforderlich ist.
Verwaltungsgericht Kassel – III E 2245/86)

(Quelle: Stern 16. 12. 1987)

Das Gutachten

Wie zersägen wir unser Kind?

Weder längs noch quer, aber manche Eltern unternehmen doch immer wieder gezielte Versuche. Zehn Prozent der geschiedenen Eltern streiten sich um das Kind oder die Kinder, die meisten einigen sich dann doch noch irgendwie. In fünf bis zehn Prozent der strittigen Scheidungen wird dann vom Familienrichter ein Gutachten bestellt. Dazu kommt ein Psychologe oder eine Psychologin ins Haus, sieht sich das Kind zusammen mit der Mutter an, spricht mit dem Kind allein, und ein weiterer Termin muß dann im Lebensumfeld des Vaters vereinbart werden.

Viele Eltern, die sich um ihr Kind streiten, fürchten die psychologischen Gutachten wie der Teufel das Weihwasser. Psychologen oder Psychologinnen können sich natürlich irren, sie können entscheidende Aspekte übersehen oder gegen den einen oder den anderen Part unerklärliche Aversionen haben.

Es gibt abenteuerliche Geschichten, die da erzählt werden, etwa von einer außerordentlich häßlichen Gutachterin, die neidisch die gutaussehende Mutter als Sorgeberechtigte ablehnte – gegen den Wunsch des Kindes. Wie von Arztbesuchen gibt es auch von Psychologen schreckliche Dinge zu erzählen. Aber: Die meisten Kinder sind tatsächlich zu Recht erleichtert, daß endlich jemand von außen kommt und sich ihres Falles annimmt.

Zwischen 30 und 35 Prozent liegt der Anteil derjenigen Väter, welche die »Bereitschaft und Möglichkeit signalisieren«, nach einer Ehescheidung das Sorgerecht für ihre Kinder zu erstreben, so ermittelte die in München ansässige »Interessen- und Schutzgemeinschaft Unterhaltspflichtiger Väter und Mütter« (ISUV).

Jedoch: Mehr als die Hälfte der sorgebereiten Väter resignierte – »auf Grund negativer Erfahrungen mit einer väterfeindlichen Rechtsprechung« – bereits in den Vorgesprächen bei ihrem Rechtsanwalt.

Die Realität bei westdeutschen Familiengerichten bezeichnet der Verband als »unerträglich«: In 94 Prozent aller Fälle wird das Sorgerecht nach Ehescheidung auf die Mütter übertragen. ISUV-Kommentar: »In mindestens zehn Prozent der Fälle dürfte dies dem Kindeswohl grob zuwiderlaufen.«

(Quelle: Der Spiegel 10. 3. 1980)

Eine Art neutraler UNO-Beobachter kommt in den Familienkrieg. Ein kleiner Junge erzählte uns ganz stolz: »Der Richter Grünhagen hat entschieden, daß ich zu meiner Mutter soll!« Eine übergeordnete Instanz außerhalb der Machtkämpfe hatte ihn endlich davon erlöst, sich hin- und herziehen zu lassen. Der Vater des kleinen Jungen war Lehrer und pokerte mit allem, was er zu bieten hatte: seiner neuen Familie, einem Haus im Grünen, seinem pädagogischen Wissen und seiner Liebe zum Kind. Diese unerbittliche Liebe hatte ihn dazu getrieben, vor Gericht zu ziehen. Der Junge konnte ihm schon nichts mehr erzählen. Einmal hatte der Vater aus seinem sechsjährigen Sohn herausgefragt, daß er mit dem Freund seiner Mutter zusammen nackt gebadet hatte. Das wurde dann vor Gericht mit dem Freund der Mutter und dem Kind abgehandelt. Das Kind muß dabei den Eindruck gewonnen haben, daß es etwas ganz und gar Dubioses getan habe, das in der Welt der Erwachsenen verboten sei. Viele Kinder könnten wesentlich leichter damit fertig werden, daß sich ihre Eltern scheiden lassen, wenn die Eltern sie nur damit fertig werden ließen und nicht so erbarmungslos an ihnen zerren würden.

Mehr als 70 Prozent aller alleinerziehenden Mütter leben überwiegend von der Sozialhilfe.

(Quelle: Remscheider General-Anzeiger 13. 8. 1992)

Wenn der Familienrichter bestimmt, daß ein Gutachten gemacht werden muß, dann kommt also ein Psychologe oder eine Psychologin. Sie werden einen »Family Relation Test« machen. Das heißt, es wird getestet, welche Beziehungen es innerhalb der Familie gibt und wie die Rollen verteilt sind. Das Kind wird gefragt, von wem es ins Bett gebracht werden möchte, wer kommen soll, wenn es Angst hat, wer das Essen kocht, wer mit ihm spielt und ähnliches. Im allgemeinen intensivieren sich die Beziehungen in der Familie während der Trennungsphase, und es kann sein, daß beide Elternteile sich viel mehr als sonst um die kindliche Gunst bemühen. Das wird nur wenig Einfluß auf das Gutachten haben. Wichtig werden jetzt vier verschiedene Bereiche, die betrachtet werden:

I. Kind
II. Eltern
III. Familie
IV. Umfeld

Beurteilt werden zunächst das Wesen und der Entwicklungsstand des Kindes. Viele Kinder gehen während dieser Phase in ihrer Entwicklung einen Schritt zurück. Ein Gutachter wird auf solche Dinge achten, weil zum Beispiel einem Kind, das emotional stark belastet ist, eventuell kein Umgebungswechsel zugemutet werden kann, damit es nicht zu viele neue »Anpassungsleistungen« erbringen muß. Zu dem ersten Fragenbereich »Kind« gehört auch: Wie erlebt das Kind die Trennung? Wird es zur Loyalität und Solidarität verpflichtet? Muß es »vernünftig« sein? Antwortet es auf Fragen selbstbestimmt oder fremdbestimmt? Man kann schon hören, ob einem Kind Antworten vor dem Besuch eingeschärft worden sind und es dann nur wörtliche Elternzitate reproduziert wie: »Ein Kind braucht doch seine Mutter.« Das heißt, wenn es so ähnlich wie Vater oder Mutter argumentiert.

Bei den Eltern werden die sogenannten »Erziehungs- und Förderkompetenzen« abgefragt. Dazu gehört zum Beispiel, ob ein Elternteil die Beziehung des Kindes zum anderen Elternteil akzeptieren kann oder nicht.

»Wenn gefragt wird, welcher Elternteil ein Kind zufriedenstellender erziehen kann, so lautet die Antwort: Das Geschlecht spielt keine Rolle. Der Vater ebenso wie die Mutter kann für die Kinderfürsorge der ›bessere‹ Elternteil sein.« Prof. Lee Salk, Kinderpsychologe und Psychiater am Cornell University Medical College und Präsident der Sektion Kinderpsychologie bei der Amerikanischen Psychologischen Gesellschaft

(Quelle: Der Spiegel 10. 3. 1980)

Sollte ein Gutachter zum Beispiel herausfinden, daß der Vater der Kinder nachts zur Wohnung der Mutter gefahren ist, um die Füße im Bett der Mutter zählen zu lassen, dann dürfte dieser Vater im Gutachten ausgesprochen schlechte Karten – also kaum Aussichten auf das Sorgerecht – haben.

Wenn die Kinder erzählen, daß die Mutter einen Freund habe, mit dem sie sich nachts herumtreibe, dann fällt auch das eher negativ auf den Vater zurück. Auch Kinder nehmen es erfahrungsgemäß irgendwann nicht mehr hin, wenn ein Elternteil andauernd vom anderen schlechtgemacht wird. Kinder brauchen möglichst beide Eltern, es ist nie gut, wenn ein Elternteil den Kontakt der Kinder zum anderen unterbinden will.

Wir haben übrigens immer wieder Eltern getroffen, die solche Regeln zwar theoretisch akzeptieren, aber allein in ihrem Ausnahmefall verhielte es sich so, daß der Ex-Partner/die Ex-Partnerin wirklich einen sehr schlechten Einfluß auf das Kind habe und daher der Kontakt unterbunden werden müsse. Je höher Intelligenz und Bildungsstand, desto schwerer sind Menschen davon zu überzeugen, daß sie sich möglicherweise irren. Auch bestimmte Berufsstände neigen zu gnadenloser Rechthaberei bis in den Privatbereich. Ohne jemandem zu nahetreten zu wollen: Am schwierigsten sind Lehrer, Juristen, Journalisten und Ärzte zu versöhnen. In dem Verbot für ein Kind, den anderen Elternteil zu besuchen, drückt sich aber selten die Sorge um das Kind, sondern nur der eigene Haß aus.

Bei den Eltern wird auch nach Zukunftsperspektiven gefragt. Wie stellen sie sich das Leben mit dem Kind vor? Wie wollen sie es mit ihrer Berufstätigkeit vereinbaren? Wie sieht der Haushalt aus? Wollen sie vielleicht mit drei Kindern in eine Einzimmerwohnung ziehen? Ist der Alltag kindgerecht und die Wohnung auf Kinder eingestellt? Wie sind die Finanzen geregelt? Und vor allem: Was sind die Motive? Will der Vater das Sorgerecht, um keinen Unterhalt zahlen zu müssen? Oder versucht der verlassene Vater das Sorgerecht für seine Kinder zu bekommen, weil er die Hoffnung hegt, damit doch noch die Ehe retten zu können, weil die Mutter zu den Kindern zurückkommen wird? Merkwürdigerweise haben verlassene Frauen solche Phantasien fast nie.

»In vielen Familien [...] könnte ›die wachsende Anteilnahme des Vaters‹ am Erziehungsgeschäft zerstörerisch auf die Familie wirken, weil wohletablierte ›und befriedigende‹ Rollenzuordnungen bedroht sind.«
US-Psychologen Ross D. Parke und Douglas B. Swain in einem Beitrag für die amerikanische Zeitschrift PSYCHOLOGY TODAY

(Quelle: Der Spiegel 10. 3. 1980)

Der dritte Bereich ist die Familie. Welche Bindungen und Beziehungen gibt es in der Familie? Welche Rolle spielen die Großeltern oder neue Partner und weitere Bezugspersonen für die Kinder? Wichtig ist hier die Frage, welcher Elternteil am ehesten Kontinuität bieten kann: ein warmes Nest, ein Zuhause, vertraute Menschen und Freunde.

Ähnlich wird auch das Umfeld begutachtet. Wo sind Kinder sozial eingebunden, haben Kontakt zu Gleichaltrigen und ähnliches. Der Elternteil, der die Trennung vom anderen am besten verarbeitet, wird auch den Kindern schneller wieder ein stabiles Zuhause bieten können.

In den Fällen, in denen es wirklich so zu sein scheint, daß beide Elternteile sich gleich gut eignen, für das Kind zu sorgen, bekommen Nebenfragen, also Dinge, die an sich völlig unwichtig sind, eine entscheidende Bedeutung: Wer kann dem Kind finanziell mehr bieten? Wer hat die schönere Wohnung? Wo ist der Schulweg kürzer?

In einem Fall, der zu begutachten war, ging es um eine Bauernfamilie. Der Hof gehörte der Familie der Frau, sie hatte ihn geerbt. Der Mann arbeitete auf dem Hof und bewirtschaftete das Land. Er verschuldete den Hof, der vorher schuldenfrei gewesen war. Als seine Frau sich von ihm scheiden lassen wollte, beantragte er das Sorgerecht und wollte mit seinen Kindern auf dem Hof bleiben. Wenn die Mutter zu Besuch kam, vertrieb er sie mit der Mistgabel in der Hand. Die Kinder waren derart eingeschüchtert, daß sie vor Gericht aussagten, sie möchten beim Vater bleiben. Die zuständige Psychologin hatte ein Mädchen bei ihrem Besuch weinend im Stall vorgefunden, es wimmerte ganz leise: »Mama soll kommen.« Aber während der Verhandlung hatte es diese Szene plötzlich nie mehr gegeben. Der Fall schien eindeutig: Die Kinder möchten zum Vater, und die Warnung der Psychologin, daß die Kinder nicht das sagen, was sie wirklich möchten, wurde überhört.

Scheidungskinder: Am Samstag ist der Papa dran

Als der 37jährigen Zahnarzthelferin Petra B. nach langem Ringen schließlich vom Amtsrichter das Sorgerecht über die achtjährige Tochter Sandra zugesprochen wurde, stand ihr Entschluß fest: bloß weg, möglichst nach Australien, damit der Ex-Gemahl Sandra nicht mehr zu Gesicht bekommt. Dieser bekam von den Plänen seiner geschiedenen Gattin Wind und erwirkte im Eilverfahren eine gerichtliche Anordnung, mit der die Auswanderung des Kindes untersagt wurde.

Begründung der Richter: Zwar kann der sorgeberechtigte Elternteil grundsätzlich nach eigenem Gutdünken über den Aufenthaltsort des ihm anvertrauten Kindes entscheiden. Voraussetzung ist jedoch, daß dieser Aufenthaltsort dem Wohl des Kindes dient. Durch eine Auswanderung nach Australien würden die natürlichen Bande zwischen Sandra und dem Vater beeinträchtigt, was zwangsläufig eine Entfremdung zur Folge hätte. Eine solche Entfremdung aber schade dem Wohl des Kindes. Wer mit seinem Kind auswandern will, muß daher schon besonders triftige Gründe darlegen können. (Urteil-AZ: Oldbg FaMRz 80,78)

(Quelle: Cosmopolitan April 1988)

Eine Gutachterin erzählte mir, daß sie oft nachts von ihren Fällen träumt und sich schweißgebadet fragt, was sie da überhaupt tut. Manche Fälle wirken so ganz und gar aussichtslos. Zum Beispiel der eines achtjährigen Jungen, der überhaupt nur noch weinte und schrie. Er war schwer behindert, seine zierliche Mutter, die er über alles liebte und die in alle möglichen Therapien mit ihm ging, konnte ihn nicht mehr tragen. Die behindertengerechte Wohnung gehörte dem Vater, der mit allen Mitteln selbst um das Sorgerecht kämpfte. Sein Motiv für den brutalen Streit um das Sorgerecht war vermutlich die Tatsache, daß sein Kind wohlhabend war. Weil bei der Geburt ein Kunstfehler passiert war, hatte die Versicherung eine halbe Million Mark für den Jungen gezahlt. Derjenige, der das Sorgerecht bekommen würde, hätte also auch das Geld zu verwalten. Der Junge war arm dran. Er wollte bei seiner Mutter bleiben, aber die wurde vom Vater mit allen Mitteln fertiggemacht.

Queen nimmt Di die Kinder weg

[...] Königin Elisabeth hat sich aus tiefer Enttäuschung über ihre Kinder zu diesem historischen Schritt entschlossen. Ihr geht es um die Würde und den Fortbestand der über 1000 Jahre alten Monarchie. Ihre eigenen vier Kinder haben in ihren Augen auf spektakuläre Weise versagt. Sie haben die Achtung ihrer Untertanen verloren. Deshalb hat die Königin verfügt, Prinz William (10) zum direkten Thronerben zu machen.

Das heißt: Willie Windsor wird König. Er ist schon heute der Darling der Nation.

Nummer 2 in der Thronfolge ist ab sofort sein Bruder Henry (8).

Die Königin nennt sie vielsagend »die Kinder der Krone«. Sie übernimmt die Erziehung (auch für die beiden Töchter von Fergie). Alle Enkel unterstehen »in einer juristischen Form« direkt der Queen.

Was heißt das für Di? Sie darf über ihre Kinder nicht mehr bestimmen. Sie darf sie zwar mit nach Hause in den Kensington Palace nehmen, sie streicheln, mit ihnen spazierengehen. Aber Kindermädchen, Schule, Internat – alles bestimmt die Queen. [...]

(Quelle: Bild 11. 11. 1992)

Vor Gericht heißt es übrigens bei allen subtilen Kränkungen und Beleidigungen der anderen Seite, die in feinem Juristendeutsch daherkommen: Unbedingt ruhig bleiben! Wer hier schreit oder die Nerven verliert, hat schon verloren.

Ein Gutachten, das für eine strittige Scheidung angelegt wird, umfaßt etwa vierzig bis fünfzig Seiten. Ausführlich und für alle Beteiligten verständlich soll hier die Empfehlung der Psychologen nachvollzogen werden können. Gegen ein solches Gutachten können natürlich Rechtsmittel eingelegt werden.

»Man kann ein Kind nicht einfach fifty-fifty teilen«, glaubt etwa Sally Provence, US-Professorin für Kinderheilkunde; früher oder später, meint sie, würden die meisten der »Joint custody«-Kinder wohl auf der Couch eines Psychiaters liegen.

(Quelle: Der Spiegel 10. 3. 1980)

(»Joint custody« ist der amerikanische Begriff für gemeinsames Sorgerecht)

Zehn Dinge, die Eltern beachten sollten:

1. **Lieber streiten, als gar nicht mehr miteinander reden.**
   Wenn das Kind am Besuchstag von einem zum anderen geht, dann muß es einen Berg überwinden, und das sollte man ihm nicht noch schwerer machen, als es sowieso schon ist. Es verläßt den einen ungern und will doch zum anderen hingehen. Wenn dann ein Elternteil an der Straßenecke warten muß, weil der andere seinen Anblick nicht erträgt, ist das für das Kind eine Qual.
2. **Das Kind ist kein Partnerersatz.**
   Wer mit einem Kind zusammenlebt, hat in ihm entgegen einer immer wieder auftauchenden Meinung keinen Freund oder Partner fürs Leben. Er hilft dem Kind nur ein Stück ins Leben hinein. Der Sohn ist jetzt nicht der Mann im Haus und die Tochter keine Haushälterin.
3. **Das Kind muß nicht von heute auf morgen selbständig werden.**
   Wenn die Mutter plötzlich wieder arbeiten gehen muß, ist es für ein Kind, das bisher immer behütet war, nicht gut, ein Schlüsselkind zu sein. Lieber sollte man versuchen, mit den Nachbarn eine Regelung zu finden oder Freunde zu fragen, ob sie mithelfen. Man sollte sich durchaus trauen, Freunde zu bitten. Überraschenderweise gibt es immer wieder auch solche, die stolz sind, wenn sie um Hilfe gebeten werden.
4. **Alltag herstellen.**
   Möglichst rasch sollte für das Kind wieder ein normaler Rahmen hergestellt werden. Es sollte wieder so erzogen werden wie vorher. Es ist nicht gut, sie mit Geschenken, das das eigene Gewissen entlasten, zu überhäufen.
5. **Keine »Extratouren« anbieten.**
   Eltern, die besucht werden, müssen nicht an jedem Wochenende volles Programm machen. Zoo und Zirkus sind vielleicht gar nicht das, was das Kind gerne möchte. Kann es sein, daß das Kind gerne mal wieder einfach mit dem Vater zu Hause bleiben und gar nichts machen

möchte? Alltag herstellen ist wichtiger, als Geschenke zu machen.

6. **Nicht die eigenen Bedürfnisse mit denen des Kindes verwechseln.**
   Wenn man selbst andauernd über die Scheidung sprechen will, heißt das noch lange nicht, daß das auch der Wunsch des Kindes ist. Es geht einem Kind schlicht auf die Nerven, wenn es mit zu vielen Informationen über die Gründe einer Ehescheidung gefüttert wird. Lassen Sie es lieber in Ruhe.
7. **Das Kind muß nicht wieder Baby sein, um geliebt zu werden.**
   Sollte das Kind in seiner Entwicklung zurückgehen und wieder in der Babysprache sprechen, weil es Kleinsein mit Geborgenheit verbindet, dann ist es wichtig, das wahrzunehmen, aber nicht zu sehr darauf einzugehen. Das Kind muß spüren, daß es auch geliebt und geknuddelt wird, wenn es größer ist.
8. **Den Kontakt zum anderen Elternteil nicht unterbinden.**
   Das passiert komischerweise immer wieder, obwohl jeder weiß, daß es nicht gut ist. Niemand, der sein Kind liebt, wird das aus böswilligen Motiven tun, aber auch gut gemeint ist dann schlecht gehandelt. Keinesfalls darf das Kind bei seiner Rückkehr darüber ausgequetscht werden, wie es dort war.
9. **Großeltern und Schwiegereltern sind keine Kampfgefährten.**
   Leider gibt es auch Großmütter und Großväter, die einen Elternteil schlechtzumachen versuchen. Das sollte man ihnen verbieten. (Appelle nützen fast nie.) Wenn sie es nicht einsehen oder nicht ansprechbar sind, müssen sie in der schwierigen Zeit ferngehalten werden.
10. **Auch Kinder brauchen Vertraute.**
    Für die Kinder ist es wichtig, jemanden zu haben, bei dem sie sich über ihre Eltern beklagen können. Scheidungskinder erkennen sich untereinander. Es ist auffällig, daß sie im Kindergarten oder in der Schule Anschluß

an andere Kinder suchen, die ähnliches erlebt haben wie sie selbst, auch wenn es oft nicht einmal ausgesprochen wird.

Selbstmord

[...] »Ich hatte kürzlich eine Ehefrau zu vertreten, deren Mann, ein Polizist, die Scheidungsklage eingebracht hatte. Meine Mandantin, 35, war nicht berufstätig, sondern kümmerte sich um den Haushalt und zwei schulpflichtige Kinder. Sie war zunächst gegen die Scheidung. Bei der Verhandlung [...] hat ihr die Richterin geraten, doch einer einvernehmlichen Scheidung zuzustimmen. Bei Berechnung der Alimentation für sie und die Kinder stellte sich heraus, daß dem geschiedenen Mann neben den Unterhaltszahlungen und seinen Verpflichtungen aus diversen Krediten knapp 3000 Schilling (ca. 430 Mark) zum Leben bleiben würden.

Trotz meines Argumentes, daß sich die Ehegatten unter den derzeitigen wirtschaftlichen Bedingungen eine Scheidung eigentlich nicht leisten können, wurde die Ehe noch in dieser ersten Verhandlung geschieden.

Am nächsten Tag hat der frischgeschiedene Mann Selbstmord begangen. Ihm war plötzlich zu Bewußtsein gekommen, worauf er sich da eingelassen hatte.«

(Quelle: Save Juli 1984)

Hilfsangebote

Niemand ist allein

In jeder größeren Stadt der Bundesrepublik werden Hilfen für Menschen angeboten, die sich durch Trennung oder Scheidung in einer Lebenskrise befinden. Diesbezügliche Adressen bekommt man auch bei Familienberatungsstellen oder ähnlichen Einrichtungen.

In einem Bürgerhaus in einer Großstadt haben wir Veranstaltungen zum Thema Scheidung besucht. Für das Podium waren Experten eingeladen, die zunächst etwas aus ihrem Fachbereich erzählten. Ein Rechtsanwalt, ein Psychologe, ein Familienrichter, eine Gerichtsgutachterin und eine Therapeutin, die mit Scheidungskindern arbeitet. Der Saal füllte sich mit Menschen, die angeregt zuhörten, und dann ging es los. Was allein an diesem einzigen Vormittag an Schicksalen auf den Podiumstisch gelegt wurde, hätte ausgereicht, um mehrere Schriftsteller mit Stoff für riesige Romane über unsere Zeit zu versorgen. Ein Ehepaar saß dort zusammengesunken und sagte verzweifelt: »Wir versuchen seit drei Jahren, uns scheiden zu lassen, und wollten uns hier erkundigen, wie das mit der gemeinsamen Altersversorgung ist.«

Ein junger Mann erzählte, er sei Fernfahrer, seine Frau habe ihn verlassen und sei jetzt mit seiner kleinen Tochter zu einem anderen gezogen. Ob er denn für die Frau und das Kind bezahlen müßte, wenn sie freiwillig weggegangen sei? Der Familienrichter versuchte so behutsam wie möglich, den ebenso empörten wie verzweifelten Mann darüber aufzuklären, daß er tatsächlich zahlen muß, auch wenn er sich böswillig verlassen fühlt. Er hatte aber noch eine weitere Frage. Freunde hatten ihm erzählt, daß es für seine Tochter, die drei Jahre alt sei, wahrscheinlich das beste wäre, wenn er sich nicht mehr bei ihr melden und sie in Ruhe lassen würde. Sie würde dann vielleicht schneller vergessen, meinte der Vater. Aber da widersprachen alle lebhaft: Er sollte sich weiterhin möglichst viel um seine

Tochter kümmern. Selbst wenn Kinder einen Stiefvater bekommen, wollen sie wissen, wer ihr richtiger Vater ist und mit ihm Kontakt haben.

Hausmann

Ein Mann, der nach seiner Scheidung in der neuen Ehe die Rolle des »Hausmannes« übernommen hat, muß zur Erfüllung seiner Unterhaltspflicht gegenüber den Kindern aus erster Ehe gegebenenfalls eine Nebenbeschäftigung aufnehmen. Nach einer jetzt vom Familiensenat des Bundesgerichtshofes veröffentlichten Entscheidung (AZ.: IVb ZR 667/80 vom 31. März 1982) muß die für den gesamten Familienunterhalt aufkommende berufstätige zweite Ehefrau ihren (»Haus«-)Mann von der Hausarbeit und der Versorgung ihres gemeinsamen Kindes soweit entlasten, daß er dieser Nebenbeschäftigung nachkommen kann. [...]

(Quelle: Sozialpolitische Nachrichten 16. 8. 1982)

Dann meldete sich eine andere Frau. Sie erzählte, sie habe fünf Kinder, und ihr Mann sei arbeitslos. Aber er sei nicht wirklich arbeitslos, also wenn er wollte, könnte er durchaus Arbeit finden. »Nun hängt er den ganzen Tag zu Hause herum und kann sich keine eigene Wohnung leisten.« Die Frau berichtete, sie habe ihm schon Arbeit besorgt, aber da habe er sich absichtlich so verhalten, daß ihm wieder gekündigt worden sei. Die Psychologin meinte, vielleicht habe sich die Frau innerlich doch noch nicht von ihrem Mann gelöst, wenn sie sich noch um seine Arbeit kümmere. Die Frau rief: »Nein, das ist Selbstschutz. Erstens brauchen wir das Geld, und zweitens ist es furchtbar, wenn er den ganzen Tag zu Hause ist.« Hier trafen einfach zwei völlig unterschiedliche Dinge zusammen. Wer so existenzielle Nöte finanzieller Art hat wie die Frau mit ihren fünf Kindern, für den sind einfach andere Dinge wichtiger als ein seelischer Ablösungsprozeß von ihrem Ex-Mann. Sie hatte weder die Zeit noch die Kraft, sich mit den Aspekten zu beschäftigen, die zum Scheitern ihrer Ehe geführt hatten.

Aber an diesem Vormittag im Gemeindehaus war alles möglich, alle wurden angehört.

Eine Frau fragte: »Wie lange dauert eine Scheidung? Man meint, daß man geschieden ist, aber jede neue Partnerschaft, jeder Orts- oder Schulwechsel bedroht wieder das Gleichgewicht. Mein geschiedener Mann zum Beispiel hat jetzt eine neue Partnerin. Wir sind seit fünf Jahren auseinander. Aber wenn er die Kinder holt, merke ich plötzlich, daß ich eifersüchtig bin und etwas über seine Neue herausfinden will. Also, wie lange wird das dauern?«

Die fast philosophische Frage ermunterte offenbar ein älteres Ehepaar, auch mit seiner Frage herauszurücken. »Wir sind nicht unseretwegen hier«, sagte die Frau, »wir sind seit über dreißig Jahren glücklich verheiratet. Wir sind nur gekommen, um uns zu erkundigen, wie wir unserem Sohn helfen können. Er ist sehr unglücklich verheiratet. Das finden auch seine Geschwister, und wir machen uns Sorgen.« Der Psychologe fragte, wie alt der Sohn denn sei? »28 Jahre«, war die Antwort, und alle lächelten ein bißchen verschämt. Dann, sagte der Psychologe, müsse er schon selbst kommen. Das wollte der Sohn aber nicht, er fand sich offenbar nicht so unglücklich verheiratet wie seine Eltern. »Er merkt es einfach nicht, wie er von der Frau ausgenutzt wird«, sagte die besorgte Mutter.

Eine junge Frau war im Saal, die so verführerisch wirkte, als suche sie hier unter Leidensgefährten einen neuen Partner, »Kinder erwünscht«. Sie unterhielt sich angeregt mit dem Rechtsanwalt, der sich ihr ohne Zögern zu Füßen geworfen hatte. Die beiden lachten und scherzten ein bißchen miteinander, und langsam löste sich die Versammlung auf.

Viel war eigentlich nicht geschehen an diesem Vormittag, nur wenige wirklich hilfreiche Ratschläge konnten gegeben werden, manchen wünschte man einfach nur, sie sollten mal im Lotto gewinnen, dann wären sie einen großen Teil ihrer Sorgen los. Aber dieser ganze Vormittag hatte etwas enorm Tröstendes. Das Thema Scheidung ist hier nicht als persönlicher Makel behandelt worden, es hatte nichts von diesem schäbigen: »Hast du schon gehört, bei denen soll es ja auch in der Ehe kriseln«, sondern war Anlaß, Erfahrungen auszutauschen und über die Schwierigkeiten zu sprechen.

800000 Kinder leben in den Vereinigten Staaten schon nach diesem Modell. (Gemeinsames Sorgerecht – Anm. der Autoren)

Die Scheidungskinder leben dann abwechselnd, mal an bestimmten Wochentagen, mal wöchentlich oder monatlich alternierend, in den getrennten elterlichen Haushalten. Mitunter bleiben auch die Kinder ständig in derselben Wohnung, wo sie nach festgelegtem Rhythmus einmal vom Vater, dann wieder von der Mutter betreut werden – das sogenannte »Vogelnest«-Modell, das allerdings nur selten vorkommt.

(Quelle: Der Spiegel 10. 3. 1980)

Mediation

Eine neue Möglichkeit bei Trennung und Scheidung?

Zu einer Gerichtsverhandlung, in der es darum ging, wer nun das Sorgerecht bekommen sollte, der Vater oder die Mutter, erschien ein kleiner Junge mit einem riesigen Teddy im Arm. »Das ist mein Anwalt«, erklärte er wichtig – und er hatte vollkommen recht: Er brauchte dringend einen eigenen Anwalt. Der Zank seiner Eltern drohte, ihn zu zerreißen. Der Junge wollte nicht mehr nach seinen Gefühlen gefragt werden, denn alle seine Antworten waren bisher blitzschnell zu Geschossen der sich bekämpfenden Eltern umgeformt worden. So wie dem kleinen Jungen mit seinem Teddy geht es vielen Kindern.

> 1990 gingen in den alten Bundesländern rund drei Prozent weniger Ehen zu Bruch als im Jahr zuvor. Ein Rückgang von 127000 auf 123000 Scheidungen.
>
> (Quelle: !Forbes Januar 1991)

Wir haben Rituale beim Heiraten, aber wir haben noch keine Rituale, die eine Trennung menschlicher und freundlicher gestalten könnten, obwohl immer mehr Ehen geschieden werden. Noch immer tun wir so, als sei das eine Ausnahme, als sei heiles Familienleben immer noch die Regel. In Amerika wird seit einigen Jahren eine Methode angewandt, die den Schmerz und das Durcheinander bei einer Scheidung mildern und vor allem die schrecklichen Auseinandersetzungen vor Gericht verhindern sollen.

Die Methode heißt »Divorce Mediation«, und einige Rechtsanwälte, Psychologen und Familientherapeuten haben sich auch bei uns in Seminaren und Kursen als Mediatoren ausbilden lassen. Divorce Mediation heißt übersetzt etwa Trennungs- und Scheidungsvermittlung. Das Wort Mediation ist leider etwas unglücklich gewählt, weil es ein mißverständliches Fremdwort ist und zu leicht mit dem Wort Meditation verwechselt werden kann. Aber es wird zur Zeit gerade als Fachbegriff bei uns eingeführt.

Ziel der Mediation ist, daß Ehepaare mit Hilfe eines Rechtsanwaltes und eines Therapeuten oder eines Menschen, der beides ist, lernen, eine eigene Regelung für sich und ihre Kinder zu finden. Sie sollen in Frieden auseinandergehen und sich weiterhin als Eltern um ihre Kinder kümmern können. Denn: Eine Ehe kann geschieden werden, eine Familie nicht. Mediation bedeutet, daß Eheleute Vereinbarungen über ihr weiteres Leben nicht einer auf Gegnerschaft beruhenden Gerichtsverhandlung unterwerfen, sondern ihren Scheidungsprozeß selbst bestimmen. Eine Vereinbarung wird von den Ehepartnern gemeinsam erarbeitet und nicht von einem Familienrichter vorgegeben. Alle Entscheidungen wie die Güterteilung, das Sorgerecht, die elterliche Verantwortung, der Unterhalt für die Kinder oder den Ehepartner werden von ihnen selbst getroffen. Zusätzlich zum Mediator brauchen die Ehepartner in Deutschland übrigens noch einen Rechtsanwalt, denn auch, wenn sie eine eigene Lösung erarbeiten, muß mindestens eine Seite durch einen Anwalt vor Gericht vertreten werden.

Nastassja vor Gericht: »Ich gebe die Kinder nicht her!«

Knall auf Fall war Nasti Kinski Anfang März mit ihren Kindern in ein Flugzeug nach Los Angeles gestiegen. Weder ihr Mann noch die Kinder waren vorbereitet. Aljosha und Sonja hatten noch am Abend ihren Ranzen für den nächsten Schultag gepackt und sich am Telefon vom Vater verabschiedet: »Gute Nacht, bis morgen.«

Moussa ließ Interpol nach den Kindern fahnden, während ein Jugendgericht am 19. Mai verfügte, daß sie zurück nach Italien, zu Vater, Freunden und Schule gebracht werden müßten. Sie unterlägen schließlich der

Schulpflicht. Moussas Anwältin Marina Marino: »Die Kinder sind italienische Staatsbürger und können nicht einfach in die USA gebracht werden.«

In der ersten Verhandlung vor dem Zivilgericht an der Via Giuho Cesare, nahe dem Vatikan, standen sich die beiden Kontrahenten wie Streithähne gegenüber. Daß Nastassja selbst kommen würde, war eine Überraschung. Bleich, im Marone-Midi mit weißen Punkten und schwarzen Strümpfen, erklärte sie dem Gericht, daß sie nicht bereit sei, die Kinder herzugeben. Richterin Anna Atteni hörte sich beide Seiten an, erbat sich jedoch zehn Tage Bedenkzeit für eine provisorische Entscheidung. Beiden empfahl sie, sich zu versöhnen – doch die Atmosphäre blieb gespannt.

Wo die Kinder sind, wollte Nasti, die in Begleitung ihres Anwaltes aus Amerika nach Rom gekommen war, nicht verraten. Sie will sie behalten. Ibrahim Moussa pochte aber auf die Entscheidung des Jugendgerichts: »Nur bei mir ist eine harmonische Entwicklung der Kinder möglich.« Nasti kümmere sich kaum um die Kinder, schleppe sie zu Dreharbeiten mit, um sie dann alleinzulassen. »Als sie in der ersten Nacht in Hollywood Angst hatten und ihre Mutter suchten, war sie nicht da. Sie hatte sich mit ihrem Galan im Schlafzimmer eingeschlossen.« Schon jetzt habe sie den Kindern großen Schaden zugefügt.

Nastis Anwalt Mario Guttierea hält dagegen: »Den Kindern geht es gut bei der Mutter, ob in Rom oder Los Angeles. [...] Bisher hat doch nur einer der beiden für die Kinder gesorgt – meine Klientin.«

(Quelle: Hamburger Morgenpost November 1992)

Bei einer Scheidung erleben Menschen Angst, Verwirrung, Einsamkeit, Traurigkeit und Trennungsschmerz. Ein langes Streiten um wertvollen Besitz oder die Kinder (übrigens wird der Besitz nicht selten noch vor den Kindern genannt) heißt auch, daß der Traum vom gemeinsamen Leben zu schön war, um sich einfach davon zu lösen. Es ist schwer, darüber miteinander zu sprechen. Dazu wäre es nötig, zunächst all die Beschwerden und Vorwürfe eines jeden Partners anzuhören. Solche Gespräche brauchen nicht selten dringend den Schutzraum eines Büros. Zunächst können Einzelsitzungen mit dem Mediator nötig sein, der juristische Kenntnisse und psychologische Erfahrungen haben muß, bis dann beide Partner bereit sind, gemeinsam zu verhandeln.

Manchmal führen die Gruppensitzungen auch dazu, daß Ehepartner wieder zueinanderfinden. Zum Beispiel, wenn eine Frau dort erfährt, daß das für sie so bedrohlich wirkende Schweigen ihres Mannes ein Schutzwall war. Partner können hier beispielsweise auch wieder lernen, kulturelle oder sportliche Aktivitäten des anderen nicht mit Anklagen wie »Du liebst mich nicht« oder »Du bist rücksichtslos« zu ahnden. Vielleicht lachen sie wieder gemeinsam über die Absurditäten des Lebens, vielleicht betrachten sie die Anwesenheit des anderen nicht mehr als Selbstverständlichkeit, sondern nehmen sich Zeit füreinander. Mediation soll die Hilfe eines Außenstehenden bieten, damit die Erwachsenen nicht in Feindseligkeiten ersticken. Der Mediator kann eventuell »Sorgerechts-Schlachten«, die mitunter geradezu in Raubzüge, Plünderung und Gewalt ausarten, verhindern.

Trennung bedeutet wirkliche Arbeit, sie ist nicht das »Ende der Welt«, sondern eine Herausforderung für einen neuen Anfang.

Viele Dinge müssen bei der Trennung berücksichtigt werden. Ein Ehepaar hatte sich mit Hilfe des Mediators schon auf eine gemeinsame Sorgerechtsregelung geeinigt. Aber die Vereinbarung drohte zu scheitern, weil man sich nicht verständigen konnte, wie und wo die Kinder Weihnachten feiern sollten. Ein Weihnachtsfeiertag beim Vater und einer bei der Mutter war nicht möglich, weil die Mutter mit den Kindern wie jedes Jahr zu der weit entfernt lebenden Oma fahren wollte. Der Mediator schlug vor, im nächsten Jahr die Oma einzuladen, damit die Kinder wie gewohnt mit ihr, aber auch mit dem Vater feiern könnten. Noch aus dem Büro wurde die Oma angerufen, um sie zu fragen, ob sie damit einverstanden sei, und es klappte. Das Beispiel zeigt, daß Kreativität und Phantasie manchmal reichen, um kleine Probleme zu lösen, die in Grenzsituationen plötzlich unüberwindlich groß scheinen. Manche Mediatoren bieten ein abschließendes Zeremoniell an, bei dem sich alle sagen, daß sie traurig über die Trennung sind, wie sie sich ihre zukünftige Beziehung zu den Kindern vorstellen und daß sie sich gegenseitig helfen wollen, um inneren Frieden zu finden. Es soll ein bewegendes Zeremoniell sein, das wegführt vom Zorn oder dem Bedürfnis nach Rache.

Es hat keinen Sinn, Ehen aufrechterhalten zu wollen, die für alle Familienmitglieder eine tapezierte Hölle sind. Aber wir brauchen meist Hilfe bei der Trennung. Nach den Erfahrungen, die bisher mit der Mediation gemacht worden sind, ist es billiger, auf diese Weise eine Regelung zu finden, so daß die Gerichtsverhandlung nur noch eine Formsache ist. Eine Beratungsstunde mit einem Mediator kostet etwa 200 Mark. Der Mediator hilft dabei, jeden zu Wort kommen zu lassen und Lösungen zu finden, mit denen alle leben können. Manchmal dauert es ein paar Sitzungen, bis alle dazu bereit sind. Nur bei Menschen mit krankhaftem Haß sind alle diese Bemühungen zwecklos.

Seit 1982 ist Mediation in der Bundesrepublik bekannt, aber es gibt noch nicht allzu viele Erfahrungen damit und noch nicht viele Berater, die dieses Verfahren überhaupt beherrschen und anbieten. In Deutschland ist es überhaupt schwer, Ehepaare zu finden, die bereit sind, eine selbstbestimmte, also von ihnen ausgearbeitete Verabredung – nicht eine vom Gericht bestimmte – zu akzeptieren. Eine Familienberaterin, die wir nach ihren Erfahrungen mit der Mediation fragten, sagte etwas verlegen: »Wir üben noch, und vorerst haben wir keine Ehepaare, die das machen wollen. Einmal kam ein Ehepaar in die Beratungsstelle, aber die Frau sagte zu ihrem Mann andauernd nur ›*du Schwein*‹, und dann haben wir das abgebrochen.«

»Väter sind biologisch notwendig – aber sozial sind sie eine Katastrophe.«
Die 1978 verstorbene Anthropologin Margaret Mead

(Quelle: Der Spiegel 10. 3. 1980)

Es gibt zwei verschiedene Richtungen der Mediation. Eine ist stark an den juristischen Problemen orientiert, die andere an den psychologischen. Psychologen und Familientherapeuten gehen davon aus, daß, sobald die seelischen Konflikte zur Sprache gekommen sind, und die Gründe, die zur Trennung geführt haben, verstanden werden, sich die Partner auch nicht mehr um Unterhalt und Besitz streiten werden.

Die Juristen sagen, die psychischen Probleme seien so kompliziert und letztlich unergründlich, daß es leichter sei, faire, tragbare und finanzierbare Regelungen zu finden, in denen dann auch die psychischen Probleme einen gültigen, tragbaren Rahmen bekommen.

Zum Teil wird auch über eine »ganzheitliche« Methode diskutiert, die die »Ökologie menschlicher Beziehungen ins Blickfeld« nehmen soll. Dazu wäre allerdings theoretisch ein interdisziplinärer Beraterstab nötig, um ein Ehepaar bis zur Scheidung zu begleiten. Von den Kosten, die dabei entstünden, einmal abgesehen, wäre das ein Personalproblem. Um die »Familienökologie« wirklich zu klären, müssen dann natürlich auch Oma und Opa in die Beratung kommen, Onkel und Tanten . . . Wir wollen das nicht weiter ausmalen, vielleicht wäre es theoretisch gut, wenn die ganze Familie, die beteiligt ist, mit zur Beratung käme, leider ist das praktisch nur in wenigen Familien möglich. Alles, was neu ist, wird vielleicht erst einmal übertrieben. Aber nehmen wir den Prozeß der Mediation, also der Vermittlung, einmal ernst.

Unterhalt für die erste Frau geht vor

Ein Unterhaltspflichtiger, der zum zweiten Mal verheiratet ist, muß seine Unterhaltspflicht aus erster Ehe auch dann erfüllen, wenn ihm zuwenig Geld für seine zweite Familie übrigbleibt. Mit dieser Feststellung erklärte der erste Senat des Bundesverfassungsgerichts die Bestimmungen des Bürgerlichen Gesetzbuches (BGB) als mit dem Grundgesetz vereinbar. Darin wird das Rangverhältnis beim Zusammentreffen von Unterhaltsansprüchen eines Geschiedenen und eines neuen Ehegatten festgelegt. [. . .]

Das eheliche Pflichtenverhältnis werde durch die Trennung und Scheidung der Ehe zwar verändert, aber nicht beendet.

(Quelle: Frankfurter Rundschau 22. 2. 1984)

Die Mediation hat fünf Stufen. In der ersten Stufe wird ein Mediationsvertrag oder Kontrakt ausgehandelt. Dieser »Vertrag« bedeutet im Grunde nur, daß den beiden Ehepartnern schlicht mitgeteilt wird, was auf sie zukommt und wie sie sich zu verhalten haben. Für nicht wenige Ehepaare ist es nämlich unter Umständen das erste Mal seit vielen Jahren, daß sie überhaupt vernünftig miteinander über ihre Probleme sprechen werden, ohne sich anzubrüllen, zu beschimpfen, schweigend das Zimmer zu verlassen und Schuldzuweisungen zu formulieren. Der Mediator ist jetzt der Boß, er legt die Regeln fest und wird die Partner bei Mißachtung dieser Regeln an den Vertrag erinnern.

Dieser Vertrag kann zum Beispiel so aussehen, daß die Parteien sich verpflichten, fair und gerecht zu sein, keine Schuldzuweisungen zu machen und die Bedürfnisse der anderen zu achten. Außerdem müssen sie sich verpflichten, ihre Vermögensverhältnisse offen darzustellen und während der Trennungsphase gemeinsame Konten nicht weiter zu belasten. Außerdem kann unter Umständen vereinbart werden, daß keiner der beiden Partner den Vermittler hinter dem Rücken des anderen anruft oder trifft, um ihn zu beeinflussen. Dann wird der Preis der Vermittlung festgesetzt, und beide Parteien müssen den Vertrag unterschreiben.

Zunächst wird ein bestimmtes Gesprächsklima geschaffen, in dem Widersprüche offengelegt, aber auch Möglichkeiten zum Abbau der Spannungen eröffnet werden. Es können auch unterstützende Gesprächsregeln ausgehandelt werden. Hier kommt es auf das Einfühlungsvermögen und die Phantasie des Mediators an.

In der zweiten Stufe werden die sogenannten »Themenbereiche« entwickelt. Das heißt, jeder schreibt auf, welche Punkte des künftigen Lebens geregelt werden müssen. Die Familie bleibt, wenn Kinder da sind, auch nach der Scheidung eine Familie, nur unter anderen Lebensbedingungen.

Punkte, über die geredet werden muß, sind zum Beispiel: Wer bekommt den Papagei und wer das Tafelsilber? Wer kann das Kind besser erziehen, wer bleibt in der Wohnung, wie hoch kann der Unterhalt sein und so weiter. Mediatoren pflegen mit den einfachsten Punkten anzufangen, und es zeigt sich fast immer, daß schon in Kleinigkeiten alle Stolperdrähte der Angelegenheit versteckt sind. Wer hat sich denn um den heißgeliebten Papagei gekümmert, während der andere sich schamlos mit einer Freundin / einem Freund traf? Oder: Ist nicht das Tafelsilber ein Erbstück der Mutter, die der Schwiegertochter immer so viel Gutes tun wollte, aber abgelehnt wurde?

Wichtig ist in dieser Phase, daß alle offen und ehrlich ihre Interessen äußern und zum Beispiel sagen, wer wem wieviel schuldet. Auf dieser Ebene des Gespräches muß geklärt werden, welche Funktion die einzelnen zu klärenden Punkte für die Betroffenen haben.

Die meisten Menschen konzentrieren sich auf die Lösung der konkreten Fragen wie Kinder, Geld und Wohnen. Es wird empfohlen, daß beide Partner außerhalb der Sitzungen Listen anfertigen, auf denen sie ihren Vermögensstand aufschreiben, Einkommen, Ausgaben und Bedürfnisse. Für manche Menschen kann es günstig sein, ihren Steuerberater aufzusuchen, um ihre Listen anzufertigen.

Trennung ist nicht das Schlimmste

Zehnte Klasse einer Gesamtschule in Hamburg. Es geht um Familie: Die Beziehung zu den Eltern, den Geschwistern und Großeltern. Ich möchte wissen, ob einige der Schüler nur mit Mutter oder Vater zusammenleben. Die Reaktion ist so paradox wie unerwartet: »Meine Eltern sind noch zusammen«, verkündet mit Genugtuung ein Mädchen. Andere geben zu verstehen, daß sie in der gleichen privilegierten Situation sind. Die Mehrheit schweigt. Einige dieser zunächst verstummten erklären dann, daß sie mit der Mutter allein wohnen, ein Junge sagt, er sei bei seinem Vater.

Ein Hamburger Kinder- und Jugendpsychiater, Elmar Müller, bestätigt dieses Bild: etwa die Hälfte aller Zehntkläßler lebt in getrennten Familien. Allerdings, so schränkt er ein, verschiebe sich das Zahlenverhältnis je nach Wohngegend. Während in den einfacheren Stadtteilen mehr als die Hälfte aller Schüler von Trennungen und Scheidungen der Eltern betroffen sind, gilt das in den feineren Vierteln nur für etwa ein Drittel. Was nichts über die Qualität der noch zusammenlebenden Familien aussage, erklärt der Psychiater. Konflikte werden in den vornehmen Villen an der Elbe weniger offen ausgetragen als in Betonsiedlungen wie Osdorfer Born. [. . .]

(Quelle: Die Zeit 16. 10. 1987)

Die Listen sind die Vorbereitung für die dritte Stufe.

Zu den bisher formulierten Streitpunkten nimmt nun jede Partei Stellung. Der Mediator greift in die Auseinandersetzung so wenig wie möglich ein, die Partner sollen selbst Lösungen entwickeln, er kontrolliert lediglich den Gesprächsablauf, sorgt zum Beispiel dafür, daß wirklich über das vereinbarte Thema gesprochen wird, und ermuntert jede Partei, ohne Angst erst einmal Vorschläge zu äußern. Auch wenn sie zunächst kaum akzeptabel erscheinen, können sie sich später als durchaus brauchbar erweisen. Der Mediator kann eingefahrene Positionen lockern, dafür sorgen, daß niemand nur dem anderen zuliebe einem Vorschlag zustimmt. Er kann die auftretenden hemmenden Muster zeigen sowie ihre Auswirkungen auf den Gesprächsverlauf. Er kann Zeit geben und auch mal mit Humor für etwas Abstand sorgen. Wichtig ist, daß der Mediator beide Parteien ermuntert, die eigenen Bedürfnisse wirklich zu formulieren und zu behaupten. Nur so kann jeder die Bedürfnisse des anderen wirklich respektieren. Der Mediator kann helfen, die eingespielten Rollen eines Paares zu stören und schafft so eine günstigere Atmosphäre für die Auseinandersetzung.

Erst in der vierten Stufe werden dann wirklich Vereinbarungen getroffen. Es muß eine Übereinkunft über alle zu klärenden »Themen« erreicht werden.

Die Teilung des Einkommens: Gehalt, weitere Einkünfte etwa aus Zinsen und Werte wie Eigentumswohnung, Sparbücher, Guthaben etc.

Dann müssen die Versicherungen besprochen werden und der Hausrat. Wer bekommt das Auto, wer den Kleiderschrank und die Waschmaschine? Die Kosten für die Haushaltsführung müssen geklärt werden: Telefon, Strom, Ernährung, Kleidung. Sowie: Reparaturen, Geschenke, Kultur, Reisen, Versicherungen ...

Für die Kinder muß ein Betreuungsplan entworfen und eine Absprache für die Feiertage und die schulfreien Zeiten getroffen werden: Osterferien, Sommerferien ..., und was ist mit Weihnachten und Silvester?

Sprengstoff lagert in diesen Fragen in rauhen Mengen, aber es ist schließlich beruhigend, wenn diese tausend unüberwindlich wirkenden Fragen endlich in ordentlichen Plänen aufs Papier gebracht werden.

Wichtig ist auch, zunächst festzustellen, daß die Vereinbarungen, die erreicht werden, nicht für immer und ewig unveränderbar sind, sondern noch einmal überarbeitet werden können. Dazu wird festgelegt, wie lange sie Gültigkeit haben sollen.

Der Mediator greift jetzt aktiver in das Gespräch ein und sagt, ob er bestimmte Vereinbarungen für realistisch hält, erinnert an Dinge, die angesprochen werden müssen, und regt an, Alternativen zu prüfen. Er gestaltet kreativ zusammen mit den Parteien Lösungen, die jeder der Partner akzeptieren kann, die fair sind und die Lebensumstände der Beteiligten berücksichtigen. Auch die gesetzlichen Regeln müssen hier angesprochen werden. Wenn auf der vierten Stufe bestimmte Übereinkünfte erreicht worden sind, beginnt die fünfte Stufe der Vermittlung: der Abschluß der Vereinbarung.

Der Mediator setzt einen schriftlichen Entwurf auf, der sprachlich und inhaltlich so gefaßt sein muß, daß die beiden Parteien ihn verstehen und sich dort »wiederfinden«. Auch Probleme, die erst in der Zukunft gelöst werden können, sollten hier angesprochen werden. Beide Partner können nun die vorläufige Vereinbarung mit ihren jeweiligen Beratern durchsprechen, dann wird sie noch einmal überarbeitet und schließlich von beiden unterschrieben. Eventuell kann die Vereinbarung so bei Gericht vorgelegt werden, oder sie dient als Grundlage für den Rechtsanwalt, der eine Partei vor Gericht vertritt. Bei unserer Rechtsprechung kann und sollte das nicht der Mediator sein, selbst wenn er Rechtsanwalt ist.

25 Millionen DM für Ivanas Schwätzerei?

Der New Yorker Baulöwe Donald Trump (45) will 37 Millionen Mark von seiner Ex-Frau Ivana (42) zurück. Diese Summe erhielt sie bei der Scheidung [...] Bedingung: über ihre Ehe Stillschweigen bewahren. Trumps Vorwurf: Sie hat »geschwätzt«. In ihrem Roman »For Love Alone« (Nur aus Liebe) habe sie private und finanzielle Details verraten.

(Quelle: Expreß 31. 7. 1992)

Nicht alle Menschen eignen sich für eine Mediation. Kaum eignen sich zum Beispiel Menschen zur Mediation, die nicht fair sein können, und nur selten die, bei denen Gewalttätigkeiten während der Ehe der Grund zur Scheidung waren.

Es gibt bestimmte Muster von Trennungskonflikten, die immer wieder auftauchen, und es gibt Techniken, die helfen können, Lösungen zu finden. Scheidungsvermittler trainieren so etwas. Sie lernen, wie Streithähne getrennt werden, wie Probleme etwas von ihrem Gewicht verlieren, indem man sie in Einzelschritte aufteilt. Sie sorgen im Idealfall dafür, daß Gefühle nach oben kommen, alle Bedürfnisse formuliert werden und jeder darauf achtet, die Realitäten des anderen anzuerkennen. Sie sollen den Gesprächsrahmen lockern, neue Möglichkeiten ersinnen und die Vielfalt der Antworten im Blick behalten. Mediatoren, also Trennungs- und Scheidungsvermittler, können, wenn alles gutgeht, dafür sorgen, daß Menschen, die sich nicht mehr einigen können, nicht in Abhängigkeit von Anwälten und Gerichten geraten, die dann über sie verfügen. Bei einem Gerichtsverfahren gibt es Gewinner und Verlierer. Einer der großen Vorzüge der Mediation sollte sein, daß es keine Verlierer gibt.

Ein Argument gegen die Scheidungsvermittlung, das immer wieder genannt wird, sind die angeblich zu hohen Kosten. Aber man kann davon ausgehen, daß Menschen, die sich einigen wollen und dafür pro Stunde etwa 200 Mark bezahlen, schlicht und einfach bereiter sind, gradlinig und konzentriert zu denken. Außerdem werden durch Vereinbarungen teure Anwaltskosten vermieden.

Mediation wird auch teilweise kostenlos in Gemeindezentren und Familienberatungsstellen angeboten. Die einzelnen Sitzungen dauern gewöhnlich ein bis zwei Stunden, und nach den bisherigen Erfahrungen schwindet die Aussicht auf eine Regelung, wenn nach drei bis vier Sitzungen noch keine Absprachen in Sicht sind.

Um zu zeigen, wie bei einer Mediation, einer Vermittlung bei Trennung und Scheidung, die Konflikte dargestellt werden, sollen hier drei Musterfälle vorgeführt werden. Sie sind so aufgebaut, wie bei den Einführungsseminaren für Mediatoren die Beispiele trainiert werden. Dementsprechend sind diese Fälle ein bißchen steril. Es sind sozusagen Bilderbuchfälle, so realitätsnah wie Beispielsätze in Schulgrammatiken. Aber Leser mögen sich kraft ihrer eigenen Phantasie dort spiegeln oder Fälle im »echten« Leben vorstellen.

Familie – Scheidung – Stieffamilie

Schon 1984 wurde jede dritte Ehe geschieden, die Tendenz ist steigend. Heute lebt bereits jedes neunte Kind in einer Stieffamilie. Diese Familien können auf kein traditionelles Rollenverhalten zurückgreifen, sie müssen eine neue Form des Zusammenlebens erlernen. Viele scheitern daran, die Folge: 60 Prozent aller Zweitehen werden zur Zeit erneut geschieden.

(Quelle: SDR 14. 9. 1988)

Jakob und Vera

Jakob (32) und Vera (30) sind seit sechs Jahren verheiratet und haben zwei Kinder, Laura (4) und Johannes (2). Während Veras zweiter Schwangerschaft hat Jakob sich in eine andere Frau verliebt und Vera vor fünf Monaten davon erzählt. Vera hat sich zur Scheidung entschlossen.

Sie wohnen in einer Altbauwohnung, die 1500 Mark Miete kostet. Vera möchte, daß Jakob aus dieser Wohnung auszieht, aber er findet keine eigene Wohnung, und das Verhältnis mit seiner Freundin ist inzwischen beendet, so daß er auch dort nicht wohnen kann.

Jakob ist Werbekaufmann und verdient durchschnittlich 4900 Mark netto. Vera hat bisher zu Hause für die Kinder gesorgt. Sie ist gelernte MTA und fürchtet, nicht mehr in diesen Beruf zurückgehen zu können, weil die Entwicklung der Technik rasant vorwärts geht. Sie will von Jakob Unterhaltszahlungen haben, bis beide Kinder schulpflichtig sind und sie eine Umschulung gemacht hat, um wieder in einen Beruf einsteigen zu können. Jakob fürchtet, daß diese »Übergangszeit«, in der er alle Kosten allein bestreiten soll, nie zu Ende gehen und er zeit seines Lebens ein armer Mann sein wird.

In den letzten Jahren ist die Familie mit Jakobs Geld gut über die Runden gekommen. Jakob hat von dem Geld, das sie ansparen konnten, gegen Veras Willen Aktien gekauft, deren Wert in den letzten Monaten drastisch gesunken ist.

Jakobs Wünsche und Bedürfnisse

Jakob will endlich aus der gemeinsamen Wohnung ausziehen, die für alle Beteiligten zur Hölle geworden ist. Er appelliert an Veras Verständnis und möchte, daß sie sich mit ihren Unterhaltsforderungen zurückhält und bereit ist, wenigstens stundenweise zu arbeiten, während die Kinder im Kindergarten sind. Er weiß, daß Veras wunder Punkt die Kinder sind, und er will das Sorgerecht für die Kinder beantragen, um sie damit einzuschüchtern. Denn wenn die Kinder bei ihm leben würden, dann müßte er Vera nicht soviel Unterhalt zahlen und könnte sich eine anständige Wohnung leisten. Die Betreuung der Kinder, meint Jakob, sei für ihn kein Problem, das ließe sich schon organisieren. Insgeheim aber hat Jakob Angst vor Vera. Er fühlt sich leicht von ihr eingeschüchtert und fürchtet, das könne bei der Mediation wieder passieren.

Tauschgeschäfte

Nur fünf Prozent aller geschiedenen Frauen bekommen ausreichend Unterhalt, sechzig Prozent verzichten von vornherein auf ihre Ansprüche (beispielsweise im »Tausch« gegen das Sorgerecht), nahezu ein Drittel von ihnen ist auf Sozialhilfe angewiesen.

(Quelle: Psychologie heute August 1987)

Veras Wünsche und Bedürfnisse

Vera möchte vor allem so schnell wie möglich, daß Jakob aus der gemeinsamen Wohnung auszieht, damit sie sich in Ruhe ihren Kindern widmen kann und lernt, mit der Trauer um die gescheiterte Ehe fertig zu werden. Dafür möchte Vera Zeit und finanzielle Sicherheit. Sie ist der Meinung, Jakob sei der Alleinschuldige und habe daher finanzielle Sorgepflicht. Vera weiß, wie sie sein Schuldbewußtsein wecken kann und plant, ihn moralisch unter Druck zu setzen. Sie ist der Meinung, Jakob könnte, wenn er keine finanzierbare Wohnung für sich findet, schließlich zu seinen Eltern ziehen, die in der Nähe des Familienwohnortes ein Haus haben, in das Vera und Jakob mit den Kindern eigentlich später einmal einziehen wollten. Auch wegen ihres Verlustes einer gescheiterten Zukunftsperspektive, die für Jakob schließlich bestehen bleibt, von der Vera jedoch ausgeschlossen ist, findet sie, daß sie und die Kinder die Leidtragenden sind und Jakob dafür zahlen soll. Vera fühlt sich zwar noch immer stärker als Jakob, aber von der Arbeit mit den Kindern stark überlastet. Sie kann sich nicht vorstellen, innerhalb absehbarer Zeit eine Arbeit aufzunehmen.

Mögliche Vermittlung

Während der Mediation können nicht die Konflikte der Vergangenheit gelöst werden. Aber der Mediator könnte versuchen, Vera die Angst vor einer Rückkehr in das Berufsleben zu nehmen, damit ihr Selbstbewußtsein außerhalb der Familie zu stärken und gleichzeitig Jakob die Finanzierung von zwei Haushalten zu erleichtern, die – auch wenn er relativ gut verdient – ein ziemlich harter Brocken für ihn wäre. Es kostet mehr, getrennt in zwei verschiedenen Haushalten zu leben, beide müssen Einschränkungen in ihrem Lebensstandard in Kauf nehmen. Vera wird das aber nur tun, wenn sie während der Mediation etwas von ihrer Verbitterung wegen Jakobs Seitensprung ablegen kann, denn unbewußt will sie ihn für die seelischen Schmerzen bezahlen lassen, die er ihr zugefügt hat.

Eine Ehe geht aber immer durch beide Partner in die Brüche, niemals hat nur einer schuld. Wenn es Vera gelingt, Trennung auch als Möglichkeit für ein neues Leben zu verstehen, wird sie vielleicht ihre Forderungen an Jakob zurückstecken, weil sonst beide gelähmt würden. Die Kinder sollten aus der Klärung der überwiegend finanziellen Fragen herausgehalten werden und nicht im Zank um den Unterhalt hin- und hergeschoben werden.

Unterhalt nach Scheidung

Eine geschiedene Frau, die mit ihren Kindern in einer neuen eheähnlichen Gemeinschaft lebt, muß bei den Unterhaltsleistungen durch den früheren Ehemann für ihren eigenen Unterhalt erhebliche Abzüge hinnehmen. Der Betrag, den sich die Frau anrechnen lassen muß, darf »nicht zurückhaltend bemessen« werden. Er soll sich vielmehr an den Sätzen orientieren, die die Rechtsprechung für einen etwaigen Ausfall einer Hausfrau und Mutter zugesteht. (Bundesgerichtshof IV B 7R 64/82)

(Quelle: Stern 28. 7. 1984)

Heiner und Barbara

Heiner (38) und Barbara (37) waren zehn Jahre verheiratet. Schon bevor sie heirateten, bekamen sie eine gemeinsame Tochter, Judith ist heute fünfzehn Jahre alt. Vor acht Monaten ist Heiner ausgezogen, um mit einer anderen Frau, Cordula, zusammenzuziehen. Barbara ist in der ehelichen Wohnung geblieben.

Ihr Hauptvermögenswert ist ein Haus, das sie 1982 für 250000 Mark gekauft haben. Barbara hatte 50000 Mark aus einer Erbschaft dazugegeben, Heiner seine Ersparnisse von 30000 Mark. Die monatlichen Belastungen für das Haus, also Hypotheken, Grundsteuern und Versicherung, insgesamt

1800 Mark, haben sie gemeinsam getragen. Allerdings haben sie nur die Zinsen für den Kredit bezahlen, ihn aber noch nicht abtragen können. Heiner ist Tiefbauingenieur und verdient im Monat 3800 Mark netto. Einen Teil seines Verdienstes verliert er regelmäßig beim Spielen. Barbara hat einen Antiquitätenladen, der pro Monat etwa 3000 Mark Privatentnahmen erlaubt.

Heiner möchte, von seiner neuen Freundin dazu ermuntert, eine Therapie gegen seine Spielleidenschaft machen und zur Überbrückung dieser Zeit Geld aus dem Verkauf des Hauses haben. Barbara will dieses Haus um keinen Preis verkaufen, sie lebt dort mit zwei Katzen und will nicht zusätzlich zu dieser dramatischen Veränderung ihrer Lebensumstände auch noch ihr vertrautes Heim verlieren, kann aber nur mit Mühe die laufenden Kosten aufbringen. Barbara weiß, daß Cordula wohlhabend und finanziell unabhängig ist und Heiner unterstützen könnte. Sie findet, er solle ihre Hilfe in Anspruch nehmen. Heiner weigert sich jedoch, einen solchen Verlust seines Selbstwertgefühles hinzunehmen. Er will das gemeinsame Haus verkaufen, von dem Erlös eine Zeitlang leben und sich dann mit einer eigenen Firma selbständig machen. Barbara kränkelt, seitdem Heiner sie verlassen hat, und muß in ihrem Laden Aushilfen beschäftigen, das bedeutet für sie zusätzliche Kosten und Verluste.

Heiners Wünsche und Bedürfnisse

Heiner ist sich sicher, daß er Barbara nicht mehr liebt und meint, Barbara habe Mitschuld an seiner Spielsucht. Er hatte während seiner Ehe immer das Gefühl, ihren großbürgerlichen Ansprüchen nicht gerecht werden zu können und wollte beim Spiel das große Geld machen, um sie damit zu beeindrucken. Judith war, weil Heiner in den ersten Jahren der Beziehung häufig im Ausland gearbeitet hat, immer die Tochter ihrer Mutter und nur selten seine. Nun meint Heiner, es sei gerecht, wenn Barbara sich nach der Trennung einschränken und das Haus verkaufen muß, damit er in Ruhe eine Therapie machen kann. Barbaras Krankheit empfindet Heiner als Bedrohung seiner Zukunft. Er unterstellt, Barbara würde damit pokern, um das Haus nicht verkaufen zu müssen. Heiner möchte während des Gespräches liebevoll und verständnisvoll mit Barbara umgehen, um keinen Anlaß für eine Krankheitsverschlimmerung zu geben. Von seiner neuen Lebensgefährtin will er auf keinen Fall finanziell abhängig sein, das wäre für Heiner eine Rückkehr in einen Teufelskreis, den er schon kennt. Unter solchen Bedingungen glaubt er, mit der Spielsucht nicht fertig werden zu können. Heiner kämpft also um den Verkauf des Hauses. Er weiß, daß Barbara ebenfalls geschwächt ist und sich vor jeder Veränderung fürchtet. Er will ihr die Sache schmackhaft machen, indem er behauptet, das Haus sei eine zu lebendige Erinnerung an die schönen Tage ihrer Ehe und würde Barbara nur unglücklich machen.

Barbaras Wünsche und Bedürfnisse

Das Haus erscheint Barbara als einzige Möglichkeit, überhaupt wieder zu sich zu finden und ein glückliches Leben führen zu können. Außerdem möchte sie es als Erbe irgendwann ihrer Tochter übergeben. Sie will es weder verlassen noch verkaufen. Barbara hat sich überlegt, in dem Haus eine Einliegerwohnung mit separatem Eingang einbauen zu lassen und die Hälfte der Miete an Heiner als Unterstützung zu überweisen. Sie weiß, daß er auch diesen Vorschlag als Demütigung empfinden wird. Darum plant sie, während des Gespräches alle übrigen Möglichkeiten so düster wie möglich zu schildern und mit Judiths ungesicherter Zukunft zu argumentieren.

Heiners Spielsucht ist Barbara ein Rätsel. Sie hat sie jahrelang gar nicht bemerkt, und es ist für sie auch keine Krankheit. Sie vermutet, Heiner wolle einfach eine Weile faulenzen und seine Wunden pflegen – etwas, das sie sich als Geschäftsfrau nie leisten könnte. Aber insgeheim fürchtet auch Barbara, daß sie eines Tages nicht mehr funktionieren könnte, ihre Krankheit ist ihr Warnung genug. Darum möchte Barbara dringend das Haus als Sicherheit behalten. Sie meint, Heiner werde immer eine Dumme finden, die ihn durchfüttert. Ihre Meinung über Heiner ist schlecht, sie hält ihn für einen Waschlappen, der ihr nie das Leben ermöglichen konnte, das ihr Vater ihrer Mutter geboten hat. Das kleine Vermögen, das Barbaras Vater hinterlassen hat, meint sie, sei während der Ehe mit Heiner draufgegangen, und eine kleine Überbrückungshilfe für ihn ist alles, was sie noch opfern will. Barbara weiß, daß er ihre Verachtung nicht spüren darf, sonst wird er auf die Bedingungen nicht eingehen.

Mögliche Vermittlung

Während einer Sitzung beim Mediator, in der es konkret um das Thema Hausverkauf geht, könnte der Mediator die Sitzung zunächst einmal aussetzen, um bei Barbaras Vorschlag von beiden Parteien nachrechnen zu lassen, ob der Plan mit der Einliegerwohnung funktionieren könnte. Nehmen wir einmal an, die Rechnung ergibt übereinstimmend, daß Barbara sich zuviel davon versprochen hat, und die Sache nicht funktioniert, weil für den Umbau wieder ein Kredit aufgenommen werden müßte. Vielleicht liegt die Lösung in diesem Fall auch bei Judith, dem Kind der beiden, um das sie sich weder streiten noch sonst besonders intensiv zu kümmern scheinen. Der Mediator regt an, daß zum Hauskauf auch die fünfzehnjährige Tochter befragt wird. Judith kommt mit zur nächsten Sitzung beim Mediator und erklärt, das Haus ihrer Eltern sei nie ein gemütliches Heim gewesen und ihr selbst zuwider. Sie will lieber in eine kleinere Wohnung ziehen. Judith bringt ihre Eltern dazu, sich mit ihr zu beschäftigen, und formuliert bittere Vorwürfe. Der Hausverkauf wird darüber unwichtig.

»Sorgerecht« für Elektrozug

Sechs Monate lang haben sich die Eheleute Noel und Sondra Buckner vor einem Gericht in Dallas (Texas) nach ihrer Scheidung um die elektrische Eisenbahn gestritten, mit der sie in glücklichen Zeiten gemeinsam gespielt haben. Der Richter sprach nun das »Sorgerecht« dem 48jährigen Mann zu. Die 43jährige Ex-Ehefrau darf zweimal pro Jahr mit dem Spielzeug spielen, beschloß das Gericht.

Sondra Buckner sah sich gezwungen, zwischen dem Haus und dem elektrischen Zug zu wählen. »Da ich keine eigene Wohnung habe, mußte ich leider das Haus nehmen«, sagte sie nach dem Urteil. Das ihrem Mann zugesprochene Spielzeug hat einen Wert von über 4000 Dollar. Frau Buckner erhielt neben dem Besuchsrecht eine kleine Lokomotive, einen Tunnel, eine Brücke und drei Zugwagen, drei Gepäckträger und einige Ampeln, die sie zum Spielen bei ihrem Ex-Mann mitbringen darf.

(Quelle: Frankfurter Rundschau 5. 4. 1988)

Gerhard und Silke

Gerhard (48) und Silke (43) sind seit 19 Jahren verheiratet. Sie haben zwei Kinder: Jörg (18) und Anke (14).

Gerhard ist Inhaber einer Versicherungsagentur, die er vor acht Jahren übernommen hat. Die Familie wohnt in einer Eigentumswohnung, die 580000 Mark gekostet hat und für die noch monatliche Kredittilgungen von 1550 Mark zu zahlen sind. Seit sieben Jahren arbeitet Silke in Gerhards Agentur als Halbtagskraft. Sie haßt diese Arbeit. Am Anfang ihrer Beziehung arbeitete sie als Verlagssekretärin, wollte damals schon aus diesem Job aussteigen und studierte nebenbei Kunstgeschichte. Nach der Geburt ihres ersten Kindes war es damit vorbei. Silke widmete sich der Erziehung von Jörg und dann später der von Anke. Vor drei Jahren hat Silke den damals dreißigjährigen Frank kennengelernt. Als Gerhard vor zwei Jahren zufällig von dieser Affäre erfuhr, stellte er sie vor die Wahl: er oder ich. Silke beteuerte, ihre Ehe nicht aufgeben zu wollen, und traf sich noch ein bißchen heimlicher mit Frank. Vor zwei Monaten hat Gerhard Silke aus der gemeinsamen Wohnung geworfen. Er sagt, ihr Verhalten schade den Kindern in einer schwierigen Phase der Entwicklung. Jörg steht kurz vor dem

Abitur, und Anke geht in die 9. Klasse der Realschule. Beide, Gerhard und Silke, beanspruchen das Sorgerecht für die 14jährige Anke. Silke will, daß Gerhard ihr die Hälfte des Wertes der Wohnung auszahlt. Sie will monatliche Unterhaltszahlungen von Gerhard, der weder das eine noch das andere zahlen will.

Gerhards Wünsche und Bedürfnisse

Gerhard will das Sorgerecht für Anke. Sein Wunsch, ihr in der schwierigen Zeit der Pubertät ein sicheres Zuhause mit eigenem Zimmer bieten zu wollen, ist überzeugend. Er ist nicht bereit, Silke Unterhalt zu zahlen, weil sie als Sekretärin überall Arbeit finden und sich selbst ernähren könnte. Ihr die Hälfte vom Wert der Wohnung zu geben, widerstrebt seinem Gerechtigkeitsempfinden, da die monatlichen Kredittilgungsraten von seinem Gehalt bezahlt worden sind. Gerhard will an Silkes Stolz appellieren und ihr Schuldbewußtsein dafür wecken, daß sie Anke keine gute Mutter sei. Er hält ihr Verhalten für eine typische Midlife-crisis und hofft, daß Silke zurückkommt, sobald sie sich ausgetobt hat.

Silkes Wünsche und Bedürfnisse

Silke möchte das Sorgerecht für Anke, um ihr in der schwierigen Phase der Pubertät zu helfen. Sie hat sich immer allein um die Kinder kümmern müssen, weil Gerhard in der ersten Zeit des Firmenaufbaus auch nachts und an den Wochenenden gearbeitet hat. Silke hat schließlich ihr Studium den Kindern zuliebe sausen lassen, sich also jahrelang geopfert; daher steht ihr mindestens die Hälfte des Ertrages beim Wohnungsverkauf zu. Für ihren Halbtagsjob in der Agentur ihres Mannes ist Silke immer nur mäßig bezahlt worden – mit dem Argument, es sei doch sowieso alles »für uns«. Sie hat also die Agentur mit aufgebaut und soll nun nicht mit ernten dürfen. Das will Silke über die Unterhaltszahlungen von Gerhard ausgleichen. Außerdem braucht Silke das Geld, denn ihr Freund Frank hat ein Studium angefangen und wird wohl auf absehbare Zeit nichts verdienen. Diese Tatsache muß sie vor Gerhard geheimhalten, der sonst herumtoben würde, daß er nicht daran dächte, ihren Freund auszuhalten.

Mögliche Vermittlung

Während der ersten Sitzung beim Mediator stellt sich heraus, daß es sich bei Silke und Gerhard um zwei wandelnde Pulverfässer handelt. Sie schreien sich an und halten sich nicht an die vom Mediator vorgegebenen Regeln. Der Vermittlungsversuch scheitert, und wir schließen uns Gerhards Vermutung an, daß Silke zu ihm zurückkehren wird.

»Ohne Trauschein glücklicher«

In Ehen ohne Trauschein herrscht offenbar mehr Gleichberechtigung als bei verheirateten Paaren. Statt strenger Planung wird locker improvisiert, »man beschwert sich seltener über die mangelnde finanzielle Großzügigkeit des Partners, geht öfters miteinander aus, ist zärtlicher zueinander, als es im Durchschnitt der verheirateten Paare der Fall ist.« Dies ist jedenfalls eines der ersten Ergebnisse einer Repräsentativuntersuchung zu »Familien in den 80er Jahren«, für die das Deutsche Jugendinstitut (DJI) in München 2638 Erwachsene und 336 Jugendliche in der Bundesrepublik befragt hat. Allerdings [...] erkläre sich dieser Unterschied teilweise daraus, daß nichtverheiratete Paare meist jünger sind und noch keine Kinder haben.

(Quelle: Frankfurter Rundschau 14. 3. 1984)

Chancen der Mediation

Wenn zwei Menschen nicht gerade derart wütend aufeinander losgehen wie Gerhard und Silke, dann werden sie das Prinzip der Mediation auch mit Freunden anwenden können. Manche Menschen haben ja große Scheu davor, mit ihren persönlichen Problemen zu einem Fachmann zu gehen und dort Hilfe zu suchen. Vielleicht haben die beiden Partner aber noch ein paar gemeinsame Freunde, die nicht davor zurückschrecken, in den Löwenkäfig zu steigen und dafür zu sorgen, daß während der Auseinandersetzung ein paar Regeln für ein zivilisiertes Gespräch eingehalten werden. Daß etwa keiner der beiden ständig sagt: »Du hast aber schuld!« Oder, daß man sich jeweils nur über ein Thema zur Zeit streiten sollte und nicht alles mit allem verknüpft.

Mediation, dieses schick klingende Fremdwort für Vermittlung, ist in anderen Kulturen seit Jahrhunderten bekannt. In der chinesischen Kultur entspricht es der Ansicht des Konfuzius, daß befriedigende Lösungen bei Streitigkeiten nur durch Einsicht oder Vereinbarung zu erreichen sind. Im japanischen Recht haben Versöhnung und Vermittlung auch heute noch einen hohen Stellenwert. Streitende gehen zum Dorfältesten, von dem erwartet wird, daß er die Dorfmitglieder bei ihrer Suche nach einer Lösung für den Streit unterstützt. Es heißt, daß es in Japan wesentlich weniger Rechtsanwälte gibt als bei uns. Die Tradition von Vermittlung und Versöhnung ist so lebendig, daß »die Zahl der Blumenarrangeure die der Rechtsanwälte deutlich übersteigt«. (Roland Proksch)

In Amerika wird Mediation seit einigen Jahren mit immer größerer Begeisterung betrieben. Es gibt Mediatoren für Nachbarschaftsstreitigkeiten, für Konflikte in der Wirtschaft, am Arbeitsplatz und natürlich bei Trennung und Scheidung. Einige Mediatoren kommen als Trainer aus den USA zu uns herüber, versuchen in Seminaren ihre Erfahrungen mit der Mediation zu vermitteln und üben in Spielszenen knallharte Wirklichkeit. Die Trainer strahlen dabei diesen typisch amerikanischen Optimismus aus, daß schließlich alles zu regeln sei. Wenn man nur seine Intelligenz, Kreativität und Kraft richtig einsetzt, gibt es für alles eine Lösung. Außerdem haben sie im Gepäck immer so herrlich viele Geschichten von total verfahrenen Fällen, in denen ein einziger guter Einfall gereicht hat, um der Sache zu einem Happy-End zu verhelfen.

Wenigstens für unseren Kulturkreis bezweifeln wir, ob das Verfahren so mühelos importiert werden kann. Wir haben zu wenig Streitkultur, um uns wirklich bis zum Ende streiten zu können, bis etwas »wieder gut« werden kann. Die Fähigkeit der Menschen, Konflikte auszuhalten, nimmt nach unserer Beobachtung eher ab, während das beleidigte, gekränkte Schweigen allgemein zuzunehmen scheint. Schon bei kleineren Konflikten, bei denen ein Ende abzusehen ist, melden die Menschen rasch ihr Unbehagen an und wollen den Streit in ihrer Nähe nicht dulden. Laute Auseinandersetzungen guckt man sich am Freitagabend in der Talkshow an, allein in diesem Rahmen ist Streiten erwünscht und wird als Unterhaltung empfunden. Wenn wir aber die Fähigkeit verlieren, uns miteinander zu streiten, dann können wir uns auch nicht miteinander vertragen. Darum liegt in der Mediation natürlich auch eine große Chance. Es ist ein gezieltes Training, um zu lernen, sich mit Problemen sinnvoll auseinanderzusetzen.

Liebe ist gesünder als joggen

Wer liebt, leidet seltener unter Kopfschmerzen, bekommt nur halb sooft (17 Prozent) Magenbeschwerden wie Nicht-Verliebte (41 Prozent) und kann Streß besser verkraften. Das berichtete Prof. Dr. Werner Habermehl von der Universität Bielefeld aufgrund einer Studie an 325 Bundesbürgerinnen und Bundesbürgern. Umgekehrt lassen unerwiderte Liebesgefühle und Einsamkeit Kreislaufbeschwerden und Schlaflosigkeit aufkommen. Wer spürt, daß sich der Partner innerlich abwendet und auch kein sexuelles Interesse mehr zeigt, reagiert oft mit Eßsucht und neigt bald zu Übergewicht (das den Partner wiederum stört). Buchstäblich auf den Magen schlägt es Menschen, die sich körperlich und geistig abgelehnt und zurückgestoßen fühlen. Nachlassende Zärtlichkeit verursacht beim lieblos behandelten Partner Kopfschmerzen, so die Bielefelder Liebesstudie.

Auch israelische und amerikanische Wissenschaftler forschten den psychosomatischen Wert der Liebe aus. Die Israelis fanden heraus, daß auch dem starken Geschlecht das Herz brechen kann: Liebesmangel oder -entzug kann zum Herzinfarkt führen. US-Forscher halten die Liebe sogar für den allerwichtigsten Gesundheits-Schutzfaktor. [...]

(Quelle: Cosmopolitan Juli 1988)

Gemeinsames Sorgerecht

Ist das die Lösung?

Seit 1982 gibt es auf Grund eines Urteils des Bundesverfassungsgerichts die Möglichkeit, daß die Eltern sich nach einer Scheidung das Sorgerecht für ihr Kind teilen. Zu der Frage »Gemeinsames Sorgerecht ja oder nein« gehen die Meinungen der Fachleute stark auseinander. Manche meinen, das gemeinsame Sorgerecht sei eine Ideallösung für alle Eltern, die es schaffen, sich zu verständigen.

Unserer Ansicht nach ist das gemeinsame Sorgerecht jedoch etwas, das überwiegend den Eltern nützt und weniger den Kindern. Es eignet sich vielleicht für all die Fälle, in denen beide Elternteile verbittert um das Sorgerecht vor Gericht streiten würden, wenn nicht beide wenigstens einen Teil des »Rechtes« bekommen und eine schriftliche Bestätigung dafür, daß ihr Kind noch ihr Kind ist, das ihnen niemand wegnehmen kann. Dem Kind dürfte die Rechtslage egal sein, für Kinder zählen andere Dinge.

Bezeichnenderweise heißt es schließlich Sorge*recht* und nicht etwa Sorge*pflicht*. Sprache ist verräterisch.

> Nicht zuletzt, weil es die Kompromißformel des gemeinsamen Sorgerechts nicht gibt, »gebärden sich die Kinderbesitzer vor Gericht, als gäbe es für das Kind keine andere und schlimmere Gefahr, als in die Hände des anderen Elternteils zu fallen« (so die Beobachtung des Münchner Psychologen Georg Sieber).
>
> (Quelle: Der Spiegel 10. 3. 1980)

Nun mag es Fälle geben, in denen das gemeinsame Sorgerecht für alle Beteiligten das Beste war. Es gibt Eltern, die berichten, daß es für sie hilfreich war, zu wissen, daß sie weiterhin die

Verantwortung für das Kind tragen. Beide Elternteile müssen weiterhin die Einwilligung zu einer Operation geben, das Kind für eine Schule oder einen Sportverein anmelden. Es gibt auch Kinder, die sagen, daß sie froh sind, sich nicht wie andere Kinder in ihrer Klasse für den einen oder anderen Elternteil entscheiden zu müssen. Kinder, die zwischen ihren Eltern hin und her pendeln, werden dann gern mit Sätzen zitiert wie: Ich habe eben zwei Zuhause. Ein kleiner Junge, der nach einem bestimmten Plan regelmäßig zwischen dem Haus seines Vaters und dem seiner Mutter wechselte, wurde von Judith Wallerstein gefragt, was er sich wünschte. Der kleine Junge sagte: »Ich möchte sterben. Wenn ich tot wäre, wäre ich im Himmel. Mein Papa wäre dort. Meine Mama wäre dort. Und wir würden alle zusammen im selben Haus wohnen.« Das ist ein typischer Fall für den Egoismus der Eltern, die auf das Kind gar nicht mehr achten, sondern nur ihre eigenen Wünsche durchgesetzt haben.

»Schon die reine Logistik des Arrangements«, urteilt der New Yorker Psychiatrie-Professor Mel Roman über das gemeinsame Sorgerecht, verschlinge »viel Zeit und Energie«. Gleichwohl rühmt Roman [. . .] vor allem einen Vorzug des Modells: Es bewahre, zum Wohl der Kinder, die »Familienstruktur in reorganisierter Form«.

Daß die Scheidungskinder, wie Roman feststellte, unter den veränderten Lebensbedingungen sichtlich weniger leiden als unter dem völligen Verlust eines Elternteils, wird inzwischen durch eine Reihe von Untersuchungen bestätigt: Neurotische Störungen wie etwa Bettnässen, Schlaflosigkeit oder Schulversagen wurden [. . .] seltener gefunden als bei Scheidungskindern sonst.

(Quelle: Der Spiegel 10. 3. 1980)

Das gemeinsame Sorgerecht war einige Jahre lang in der Fachliteratur die bevorzugte Lösung, weil beide Elternteile sich so als gleichermaßen wichtig für die seelische und körperliche Entwicklung des Kindes betrachten können. Daran gibt es keinen Zweifel. Bezweifelt wird aber inzwischen, ob Kindern ständiger Wechsel zwischen zwei Haushalten wirklich guttut. Man kann solche Fragen nie für alle Menschen gleichzeitig entscheiden und beurteilen; jeder Fall ist anders. Aber es hat sich in den überwiegenden Fällen wohl gezeigt, daß Kinder einen Lebensmittelpunkt brauchen.

Bei Sarah war es so, daß ihre Eltern sich auf außerordentlich vernünftige, zivilisierte Weise getrennt haben. Sarah hat nie böse Worte gehört und keine üblen Szenen miterlebt, und sie sprach immer begeistert von ihren Supereltern, zwischen denen sie alle drei Tage hin und her wechselte. Nur unser Hund, seufzte sie, der verträgt das nicht. Sie machte sich echte Sorgen um den Hund, nicht aber um sich selbst. Der Hund wurde krank und verlor sein Fell. Und plötzlich hatte Sarah furchtbare Angst vor Rolltreppen, sie traute sich nicht mehr, in Kaufhäusern von einem Stockwerk zum anderen zu fahren. Es war eine Art Grenzübertrittsscheu.

Scheidung tut auch Hunden weh

Wenn Eheleute auseinandergehen, droht nicht nur den Kindern, sondern auch dem Hund der Familie seelischer Schaden. Scheidungswillige Ehepaare, die einen Hund haben, sollten sich ihre Absicht auch mit Rücksicht auf das Tier nochmals überlegen, meinte darum die Herzogin von Norfolk, Präsidentin des britischen Hundeschutzbundes, jetzt in London. »Ehescheidung ist zu einem bedeutenden Feind des Hundes geworden«, klagte sie. »Hunde reagieren wie Kinder empfindsam auf eine sich verschlechternde familiäre Atmosphäre und brauchen nach der Scheidung des Eigentümers die gleiche Liebe und Fürsorge.« Katzen hingegen werden nach Ansicht der Herzogin durch eine Scheidung weniger mitgenommen, weil sie nicht so an einer Person, sondern mehr an ihrer gewohnten Umgebung hängen.

(Quelle: Frankfurter Rundschau 16. 5. 1984)

Manche Kinder wechseln von Woche zu Woche das Elternhaus. Wenn weder in dem einen noch in dem anderen Zuhause andere Kinder sind, dann wird ein Kind bei dieser Methode in der ständigen Konkurrenz zwischen zwei Liebenden geradezu zerquetscht.

In der einen Woche baut sich die Sehnsucht nach dem Kind in unnatürlicher Weise auf, in der zweiten Woche wird sie dann entladen. Wenn in einem der Haushalte noch andere Kinder des neuen Partners leben, dann kann sich nie Alltag einstellen. Irgendwie wird immer für das Kind, das nur umschichtig da ist, eine Extrawurst gebraten. Es ist ja nur so selten da. Auch die anderen Kinder können ablehnend darauf reagieren, daß immer noch ein zusätzlicher »Passagier« vorbeikommt.

Nun bedeutet ja gemeinsames Sorgerecht nicht, daß alle Aufgaben wie Betreuung, Versorgung und Erziehung zu gleichen Teilen erledigt werden müssen. Aber es bedeutet, daß die Eltern weiterhin intensiv über ihre Kinder reden und sich verständigen müssen. Also ist das Kind eine Möglichkeit, sich eben doch nicht voneinander zu trennen, den anderen doch zu kontrollieren und zu bestimmen, wie er sich im Leben und dem Kind gegenüber zu verhalten hat. Und alles selbstverständlich nur aus Sorge um das Kind. Auch das Kind wird in dieser Atmosphäre seine Wiedervereinigungs-Phantasien nicht aufgeben und immer weiter hoffen, daß die Eltern wieder zusammenkommen. Wenn allerdings das gemeinsame Sorgerecht den Eltern hilft, einen ständigen, liebevollen Kontakt zu ihrem Kind zu erhalten, dann mag es eine hervorragende Sache sein.

Es gibt aber zum Beispiel auch so einen Fall: Eltern hatten sich für das gemeinsame Sorgerecht entschieden, weil sie sich friedlich, ohne Haßgefühle trennen wollten. Erst später, als beide Partner sich vollkommen unterschiedlich weiterentwikkelten und der Ex-Ehemann sich neu liiert hatte, tat es in diesem Fall der Mutter leid. Um die Tochter kümmerte sich der Vater eh kaum noch, aber sie mußte dauernd wegen Kleinigkeiten Kontakt zu ihm aufnehmen, obwohl sie nichts mehr mit ihm zu tun haben wollte.

Scheidung: Oft wird die Partnerschaft dann besser

Vier von fünf Ex-Ehepartnern haben nach der Scheidung noch sehr guten Kontakt zueinander. Eine Untersuchung der US-Universität Connecticut ergab: 80 Prozent treffen sich mindestens einmal die Woche – manchmal sogar häufiger als während der Ehe.

(Quelle: Bild der Frau 11. 7. 1988)

Das gemeinsame Sorgerecht ist kein Garant dafür, daß beide Elternteile sich positiv um das Kind kümmern, sondern nur dafür, daß beide das *Recht* haben, sich um das Kind zu kümmern. Für das Kindeswohl, wie es im Amtsdeutsch heißt, sollte dagegen kein Recht nötig sein, nur ein Gefühl und eine innere Verpflichtung. Kinder verarbeiten die Trennung ihrer Eltern um so schneller und können sich besser an die Situation danach gewöhnen, wenn ihre Eltern miteinander kooperieren und sich abstimmen. Die Bemühungen um das gemeinsame Sorgerecht können dazu führen, daß beide Elternteile sich weiterhin um das Kind kümmern und niemand der beiden den anderen schlecht macht. Aber letztlich ist das durch kein Recht und kein Gericht der Welt zu garantieren.

Familienrichter wissen das und fordern heutzutage auch von den Eltern, daß sie darauf Rücksicht nehmen. In einem Auftrag für ein Gutachten in einem Sorgerechtsstreit haben wir eine bemerkenswerte Passage gefunden, in der der Familienrichter von dem Gutachter forderte, er möge bitte dafür sorgen, daß die Kinder eines Vaters, der um das Sorgerecht für seine beiden Töchter kämpfte, bereit seien, ihre Mutter zu sehen. Der Familienrichter war der Ansicht, daß bei zwei Kindern, die ihre Mutter nicht mehr sehen wollen, irgend etwas falsch gelaufen sein mußte.

Kinder haben das Recht, als betroffene Personen mit eigenen Interessen behandelt zu werden. Sie sind nicht Pfand oder Besitz der Eltern. Sie haben das Recht auf einen Lebensmittelpunkt, der ihnen die Möglichkeit bietet, ein verantwortlicher Mitmensch zu werden. Sie haben auch das Recht auf Liebe und Obhut, und zwar von beiden Elternteilen. Bevor Eltern ihre eigenen Rechte festlegen, sollten sie sich Gedanken über die Rechte der Kinder machen und kritisch fragen, ob alles, was sie aus Sorge um das Kind tun, wirklich die Sorge um das Kind ist oder eine Mogelpackung um die eigenen Schwierigkeiten und Ängste herum.

»Zuhören«

Zum Lehrplan von Abendkursen, in denen sich junge Schweden auf ihre Ehe vorbereiten können, gehört auch das Fach »Zuhören«. »Reden können heutzutage viele, zuhören die wenigsten«, meint der Stockholmer Kursleiter Lars Johannsson. »Dabei hängt es weit mehr vom guten Zuhören als von Redegewandtheit ab, ob eine Ehe gutgeht oder nicht.«

(Quelle: Remscheider General-Anzeiger 7. 5. 1988)

Nachwehen

Was ist, wenn die schlimmste Phase überstanden ist?

Wenn die Situation sich schon so weit beruhigt hat, daß der Alltag einkehrt und das Kind den Elternteil, der jetzt nicht mehr mit ihm lebt, besucht, dann gilt die Faustregel: Je kleiner das Kind ist, desto öfter sollte es besucht werden. Kleinkinder haben ein anderes Zeitgefühl. Eine Woche ist für sie so lang wie für einen Erwachsenen ein Jahr. Zwei kurze (!) Besuche in der Woche sind da günstiger als lange, seltene Besuche. Bei älteren Kinder ist es dagegen besser, wenn sie seltener, aber länger zu Besuch kommen dürfen, damit es auch zu vertrauten Gesprächen kommen kann und sie beim Vater oder der Mutter dann auch mal übernachten können. Ansonsten gilt hier: Je flexibler das Besuchsrecht gehandhabt wird, desto günstiger für das Kind. In den Ferien ist es sicherlich am schönsten, wenn es drei Wochen beim Vater und drei Wochen bei der Mutter sein darf und in den kurzen Ferien abwechselnd bei den beiden.

> »Nach dem gemeinsamen Frühstück fuhren wir zum Familiengericht Starnberg, teilten uns das Sorgerecht für unseren Sohn Jens. Nach dem Scheidungsurteil überraschte mich mein Mann mit einem Brillantring. Ich brachte ihn zum Flughafen, weil er zu einer Opernprobe nach Köln mußte. Am Abend telefonierten wir lange miteinander«, schildert Schauspielerin Cordula Trantow.
>
> (Quelle: Bunte 14. 7. 1988)

Kinder fangen schnell an, die Vorteile der neuen Situation zu genießen und auszunutzen. Vielleicht kommen sie so in den Genuß von zwei Ferienreisen im Sommer. Sie bekommen mehr Geschenke, und es wird intensiv um sie geworben und etwas mit ihnen unternommen. Große Könner werden manche Kinder im Gegeneinanderausspielen der Eltern. Das geht schneller, als die ahnungslosen Eltern denken. Kinder verlieren rasch das Gefühl, die Scheidung sei eine Art gesellschaftlicher Makel, der an ihnen klebt. So wie ihnen geht es schließlich bald jedem zweiten Kind in ihrer Umgebung. Eine Psychologin fragte einen Jungen, der bei seinem Vater leben wollte, ob er nicht unter den häufiger wechselnden Freundinnen seines Vaters leide. Der Junge meinte: »Nö, das ist super. Die schenken mir alle was, und ich erzähle denen immer, was mir die Vorgängerin geschenkt hat, dann wird es noch etwas mehr.«

Viele Kinder haben noch jahrelang Wiedervereinigungs-Phantasien und träumen von einer kompletten Familie. Manche versuchen auch immer wieder mal »Doppeltes Lottchen« zu spielen und die Eltern zusammenzubringen, aber sie lernen eben auch relativ rasch, die Vorteile der neuen Lage zu nutzen. Fast alle Kinder, die wir gefragt haben, wie sie ihr Leben nach der Scheidung ihrer Eltern finden, sagten: »Natürlich hätte ich lieber mit meinem Vater und meiner Mutter gelebt, aber so ist es auch schön.«

Scheidung auf italienisch

Ein italienisches Urteil sorgte für Aufsehen: Nach der Scheidung ihrer Eltern bleiben die beiden Kinder in der bisherigen Wohnung, und ihre Eltern wechseln sich bei der Betreuung alle sechs Monate ab. Richter Achille Toro begründet seine Entscheidung mit den moralischen und materiellen Bedürfnissen der Minderjährigen, die im Vordergrund stehen müßten. Die Mutter der beiden Kinder dürfte von dem Urteil nicht begeistert sein: Sie muß als erste für ein halbes Jahr die Koffer packen.

(Quelle: Spielen & Lernen Oktober 1987)

Kein Kind braucht unbedingt eine sogenannte intakte Familie mit Vater, Mutter und den statistischen zwei Kindern, um glücklich aufzuwachsen. Ein Kind kann eine wunderbare, unbeschwerte Kindheit haben, wenn es mit einem Clown oder einer Versicherungsvertreterin durch die Lande zieht oder in einer Hütte ohne Kinderzimmer lebt. Es braucht nur mindestens einen Menschen, der es bedingungslos liebt.

Büchertips

Bücher für Erwachsene

Cheryl Benard & Edith Schlaffer: *Sagt uns, wo die Väter sind – Von der Arbeitssucht und Fahnenflucht des zweiten Elternteils*, Reinbek, 1991.

Wer Lust hat, sich kritisch mit Frauenthemen zu beschäftigen, findet hier eine anregende, geistreiche Lektüre.

Christiane Collange: *Tut scheiden weh? – Chancen der Scheidung*, München, 1989.

Dieses Buch ist sehr charmant geschrieben, Collange zeigt, wie man es schaffen kann, nicht in seinen Problemen zu versinken.

David Elkind: *Das gehetzte Kind – Werden unsere Kleinen zu schnell groß?*, Hamburg, 1991.

Elkind formuliert ein leidenschaftliches Plädoyer für die Kinder. Eltern sollen mehr Zeit und Aufmerksamkeit für sie erübrigen und sie nicht einerseits per Fernsehen ruhigstellen und andererseits Spitzenleistungen von ihnen fordern.

Maria Frisé & Jürgen Stahlberg: *Allein mit Kind. Alleinerziehende Mütter und Väter. Lebensbilder, Gespräche, Auskünfte*, München, 1992.

Enthält elf sehr anschauliche Porträts von alleinerziehenden Müttern und Vätern und eine Anwedung der »Mediation«-Methode.

Otto R. Gaier: *Der Riß geht durch die Kinder – Trennung, Scheidung und wie man Kindern helfen kann*, München, 1991.

Ein aufklärerisches Buch, das Eltern helfen kann, nicht durch haßerfüllten nachehelichen Beziehungskrieg noch mehr Schaden anzurichten.

Otto R. Gaier: *»Manchmal mein' ich, ich hätt' auf der Welt nix verloren« – Scheidungskinder erzählen*, Hamburg, 1988.

Gaier läßt die Kinder hier ihre eigenen Fälle schildern und bittere Wahrheiten aussprechen.

Walter Gasser, Catherine Habegger & Marianne Rey-Bellet: *Wir trennen uns – Was tun für unsere Kinder? Teil 2: An die Eltern*, Zürich, 1987.

Trotz einiger typisch schweizerischer Ausdrücke und Besonderheiten flott gemachtes Arbeitsbuch für einsichtsfähige Eltern mit vielen Fragen, Anregungen und Beispielen.

Uwe-Jörg Jopt: *Im Namen des Kindes. Plädoyer für die Abschaffung des alleinigen Sorgerechts*, Hamburg, 1992.

Uwe-Jörg Jopt ist Professor für Psychologie an der Uni Bielefeld, Familientherapeut, Sachverständiger an Familiengerichten, Trennungs- und Scheidungsberater. Sein dickes Buch ist ein juristisch und psychologisch fundiertes, mit zahlreichen Fallbeispielen belegtes, leidenschaftliches Plädoyer für ein neues Scheidungsrecht, das mehr Rücksicht auf die Bedürfnisse der Kinder nimmt.

Heiner Krabbe (Hg.): *Scheidung ohne Richter – Neue Lösungen für Trennungskonflikte*, Reinbek, 1991.

Der Band bietet verschiedene Aufsätze über alternative Scheidungsmethoden, die wichtig sind, um auf den Stand der gegenwärtigen Diskussion über die sogenannte »Mediation« zu kommen.

Judith Viorst: *Mut zur Trennung – Menschliche Verluste, die das Leben sinnvoll machen*, München, 1990.

Ein amerikanisch aufgemachtes Buch, das Trostreiches zum Thema Trennung bietet.

Judith Wallerstein & Sandra Blakeslee: *Gewinner und Verlierer – Frauen, Männer, Kinder nach der Scheidung. Eine Langzeitstudie*, München, 1989.

Die erste Langzeitstudie zum Thema Scheidungskinder. Eine Art Klassiker, wird inzwischen überall zitiert. Zahlen und Fakten, die hier genannt werden, tauchen in den meisten Folgeuntersuchungen wieder auf. Wallerstein betont sehr das Leiden der Kinder und schreibt als deren Anwalt, um Erwachsene nachdenklicher zu machen.

Die kurzen Zitate in unserem Kapitel »DIE KINDER – Wie sie es selber sehen« stammen von Kindern aus diesem Buch.

Bücher zur Geschichte der Familie

Philippe Ariès: *Geschichte der Kindheit*, München, 1975.

Das beste und umfangreichste Buch, das bislang zu diesem Thema geschrieben wurde. Frankreich-lastig und manchmal ein bißchen trocken-wissenschaftlich, aber sehr detailliert.

Jean-Louis Flandrin: *Familien. Soziologie – Ökonomie – Sexualität*, Berlin, 1978.

Geschichte der Familie in Frankreich im 16., 17. und 18. Jahrhundert. Detailliert und empirisch-wissenschaftlich.

Robert Hettlage: *Familienreport. Eine Lebensform im Umbruch*, München, 1992.

Wissenschaftliche Abhandlung über Vergangenheit, Gegenwart und Zukunft der Familie in Europa mit zahlreichen Statistiken. Der Autor ist Professor für Soziologie in Regensburg.

Herbert Schweizer: *Familie im Wandel – Eine Einführung in die gesellschaftlichen Bedingungen des heutigen Familienlebens*, Freiburg/Breisgau, 1982.

Kritische, populärwissenschaftliche, familiensoziologische Übersicht.

Ingeborg Weber-Kellermann: *Die Familie – Geschichte, Geschichten und Bilder*, Frankfurt, 1989.

Subjektive Auswahl einiger Aspekte der Geschichte der Familie, mit vielen Bildern und Originalquellen.

Bücher für Kinder

Walter Gasser, Catherine Habegger, Marianne Rey-Bellet: *Meine Eltern trennen sich! – Teil 1: An die Kinder*, Zürich, 1987.

Trotz einiger typisch schweizerischer, umgangssprachlicher Ausdrücke (»Gspüri«) ein flott gemachtes Arbeitsbuch für Jugendliche mit vielen Fragen und Antworten von Kindern und Platz für eigene Aussagen.

Laurene Krasny & Marc Brown: *Scheidung auf Dinosaurisch*, Reinbek, 1988.

Dieses hervorragende Bilderbuch wird viel von Kindertherapeuten eingesetzt, um Kindern zu zeigen, daß ihre wirren Gefühle der Wut und Trauer sich auch wieder ordnen und beruhigen lassen. Es geht vielen Kindern so wie ihnen. Sie sind nicht allein, sogar bei den Dinosauriern geht es so verrückt zu.

Nele Maar & Verena Ballhaus: *Papa wohnt jetzt in der Heinrichstraße*, Lohr, 1992.

Dieses Bilderbuch ist geeignet, Kinder ein bißchen zu trösten, die traurig sind, weil ihre Eltern sich gerade scheiden lassen. Hier wird einfühlsam beschrieben, wie sich das Kind fühlt, wenn der Vater auszieht. Erwachsenen Lesern steigen bei dem Buch vielleicht die Tränen in die Augen, weil uns das Kind, dessen Kummer geschildert wird, so leid tut. Kinder von fünf bis 13 Jahren haben dieses Buch fasziniert gelesen: Ja, genauso verhält es sich. Es kann eben ein Trost sein, zu erfahren, daß der Schmerz irgendwann wieder aufhört, daß es besser wird und daß man ab jetzt kein beklagenswertes Scheidungskind mit schrecklichem Schicksal ist. Es passiert in vielen Familien, und das Leben geht weiter und wird auch wieder schön.

Antoinette Becker & Marlis Scharff-Kniemeyer: *Und was wird aus uns? – Eine Familie geht auseinander*, Ravensburg, 1991.

Dieses Buch ist so ähnlich wie »Papa wohnt jetzt in der Heinrichstraße« – nur ein bißchen konservativer und zurückhaltender in der Darstellung der Gefühle. Beide Bilderbücher sind gut, welches man den Kindern anbietet, ist eher eine Geschmacksfrage.

Tilman Moser: *Familienkrieg – Wie Christof, Vroni und Annette die Trennung ihrer Eltern erlebten*, Frankfurt/Main, 1982.

Der Freiburger Psychoanalytiker läßt Kinder erzählen, wie sie die Trennung ihrer Eltern erlebt haben. Es sind erfundene Kinder, deshalb kann Moser sie auch das sagen lassen, was Kinder normalerweise nur fühlen. Die Gespräche und Kommentare der Kinder sind genau beobachtet, und am Schluß hat jedes Kind einen neuen Freund, der ihm hilft.